SELLING IN TOUGH TIMES

Secrets to Selling When No One is Buying

没人买时如何卖

世界销售大师最值钱的12堂培训课

汤姆·霍普金斯 著

苏西 译

中信出版社

图书在版编目（CIP）数据

没人买时如何卖：销售大师最值钱的12堂培训课 /（美）霍普金斯著；苏西译.
—北京：中信出版社，2012.5（2020.3重印）
书名原文：Selling in Tough Times
ISBN 978-7-5086-3271-1

I. 没… II. ①霍… ②苏… III. 销售－方法 IV. F713.3

中国版本图书馆 CIP 数据核字（2012）第 037594 号

没人买时如何卖——销售大师最值钱的12堂培训课
MEIRENMAI SHI RUHEMAI

著　　者：[美] 汤姆 · 霍普金斯
译　　者：苏　西
策划推广：中信出版社（China CITIC Press）
出版发行：中信出版集团股份有限公司（北京市朝阳区惠新东街甲4号富盛大厦2座　邮编　100029）
（CITIC Publishing Group）
承 印 者：北京诚信伟业印刷有限公司
开　　本：880mm × 1230mm　1/32　　**印　　张**：8　　**字　　数**：168千字
版　　次：2012 年 5 月第 1 版　　**印　　次**：2020 年 3 月第11次印刷
京权图字：01-2010-3693　　**广告经营许可证**：京朝工商广字第 8087 号
书　　号：ISBN 978-7-5086-3271-1/F · 2586
定　　价：29.00 元

网　　站：http://www.publish.citic.com　　服务热线：010-84849555
投稿邮箱：author@citicpub.com　　服务传真：010-84849000

世界上最优秀的销售培训师和销售员现身说法，教你如何通过销售而致富——趁其他人无所事事的时候。

——马克·维克托·汉森（Mark Victor Hansen）

“心灵鸡汤”系列图书的合著者

书中满是高见和销售技巧……汤姆真是个销售大师！

——乔尔·韦尔登（Joel Weldon）

入选美国演讲名人堂的演讲家、演讲教练、销售培训师

每一个行业的每一个人都应该读这本书。这是销售大师超越自我的力作！

——谢莉·凯尔博士（Shelley Kaehr）

《你理当拥有的生活》与《销售101》作者

今天就买下这本书！每位读者都能把他的话成功运用到实践中去。

——彼得·H·托马斯（Peter H. Thomas）

加拿大21世纪不动产创始人

这本书来得正是时候，句句都说在了点子上！

——詹姆斯·艾布拉姆斯（James Abrams）

克罗克沃克家居服务公司CEO

汤姆让销售变得简单多了！千万别读完就算了……你要拿去用。

——安东尼·帕瑞尼罗（Anthony Parinello）

《向高管推销》作者

汤姆真是个大师，他能把逆境化作顺境，让你重回巅峰，稳坐成功之巅！

——丹尼斯·韦特利（Denis Waitley）

《成功心理学》作者

三十多年来，汤姆 · 霍普金斯国际机构（Tom Hopkins International）有幸为世界各地的销售人员服务，并蓬勃发展起来。仰赖一支勤勉工作、言出必行的团队，我得以完成了15本书，主持了4 500余次的现场研讨，录制了无数小时的视频和音频课件，教人们如何做销售。我要永远感谢这些出色的人：

斯潘塞 · 普赖斯（Spencer Price），首席财务官

劳拉 · 奥恩（Laura Oien），总裁

朱迪 · 斯莱克（Judy Slack），研发部总监（我们的幕后作家）

克里斯廷 · 韦弗（Kristine Weaver），行政经理

琳达 · 亨特（Linda Hunt），客户服务

弗兰克 · 巴伦苏埃拉（Frank Valenzuela），仓储经理

莎伦 · 考拉欣（Sharon Kolacny），了不起的前台接待

德博拉 · 斯克罗金斯（Deborah Scroggins），会务经理（也是我的个人助理）

罗茜 · 沃尔弗拉姆（Rosie Wolfrum），应收会计

迈克尔 · 汉森（Michael Hansen），现场项目经理

SALE

Selling in Tough Times

Secrets to Selling When No One Is Buying

目录

前言

当今一些最富有、最有影响力的商界人士都是从做销售起步的。这些人领导着著名的大公司，他们的名字也定期出现在福布斯全美400富豪榜上。但他们的优胜地位和财富未必是在经济全盛时期积累起来的。相反，许多人是通过满足客户的需求，通过努力工作、提升竞争质量，从而在市场中争得一席之地的。

请看一些例子：

谢尔登·阿德尔森（Sheldon Adelson），亿万富翁，拉斯韦加斯金沙集团（Las Vegas Sands Corporation）领导人。

S·丹尼尔·亚伯拉罕（S. Daniel Abraham），汤普生医药公司（Thompson Medical Company，就是生产并推广Slim-Fast瘦身代餐的那家公司）。

施乐公司CEO安妮·马尔卡希（Anne Mulcahy）。

百思买公司（Best Buy）的理查德·M·舒尔茨（Richard M. Schulze）。

耐克公司的菲利普·H·奈特（Philip H. Knight）。

这些人明白，生意的本质并不是产品，而是满足人们的需求。实际上，从现在开始，当你听到“市场”这个词的时候，我希望你把它理解成“人”。做销售的时候，你做的是一件与人息息相关的事。你把产品或服务卖给别人，因此与人们沟通交流，理解他们的需求和动机，这是销售的真谛所在。

行业状况、经济形势和企业发展都是有循环周期的，它们都依赖“人”这个要素。人们依靠公司提供产品和工作岗位。业务出现暂时停顿的时候，往往意味着改变该出现了，这些改变会影响到人们——既包括员工，也包括客户。

对不少人来说，“改变”是个最可怕的词。在那些已经学会欣然接受改变的人们看来，这个词的意思并不等于毁灭。而在那些希望世事永远不变的人看来，改变可能会让他们完全不知所措。当人们因恐惧而不知所措的时候，就会停止作决策——特别是那些与安全感（或者说是与“金钱”）相关的决策。

所有的生意都有周期，有涨有跌，也有中间的过渡期。你在任何一个阶段都可以取得成功。如果你是一个真正的销售高手，那么，市场形势对你来说其实并没那么重要。成功的关键不仅存在于你的内心，也要看你认为自己处在商业周期的哪个阶段。在长期的职业生涯中，你将会遇到许多高低起伏的循环周期，你该如何作好准备，并且主动应对它们，正是本书要谈的内容。

特别是在经济低迷或行业衰退的时期，销售人员的工作比以往任何时候都重要。形势严峻的时候，有些客户除了必需品之外什么都不买。帮助客户发现需求，使其认清自己的购买能力，正是销售人员的职责所在。

在这一时期，冲动型的消费者减少了，要是在往常，他们会给你带来不菲的收入。财大气粗的大客户也削减了订单，或是把订单拆分给更多家供应商。再一次，天降大任于销售团队——继续满足这些大客户的需求，帮助他们度过艰难时期。如此一来，形势回暖以后，这些客户就会继续对你本人、你的品牌和你的公司忠心耿耿。

这些都要靠世界上的销售人员——这些每天让自尊接受挑战的人——走出门去，实现这一切。在骇人的“9 · 11事件”后，在全美国不知所措的日子里，我给出的正是这个建议。我并不是说应该忘却那个浩劫之日的惨痛，而是说我们应该做自己最擅长的事……重整旗鼓，继续向前。唯有做正常的事，正常的感觉才会重新回归。

要想在经济低迷时期做好销售，你需要调整一下思路和做事方法；但你要知道，这是可以做到的，而且成千上万的专业销售人士已经做到了，而他们面临的灾难比你目前的困境要严重得多。

即使在艰难时期，销售也能够继续下去，并且它确实正在持续着。那些知道自己该做什么并身体力行的真正的销售人才不但能够生存下去，还会过得有声有色。

掌握销售的艺术，也就是掌握这样一门艺术：为客户提供他们想要的、需要的——而且是应该得到的——产品、服务和售后的跟进工作。这就是个人和组织不但能在任何挑战中存活下来，而且发展得繁荣兴盛、铸就伟业的法宝。

相信我。我经历过命运的起落，见识过变革的惊涛骇浪（而且“活”了下来）。我了解销售。在发现销售世界是多么激动人心之前，我干过体力活，在建筑工地扛过钢筋。我在自己身上投资，参加了一些训练课程，然后进入了房地产销售行业。我辛勤工作，为尽可能多的客户服务。而我取得的成功已然远远超过了我最为狂野的梦想。看见有那么多人像我当年一样，热爱销售工作，却不懂得这是一门可以学习的技能（跟学习其他技能没什么两样），于是我转型开始从事销售培训。如今，汤姆·霍普金斯国际机构已经荣膺全美最优秀的销售培训机构之一。请你阅读这本书里的字句，并且牢记在心。我知道自己在说些什么，我也知道你肯定能把学到的东西运用起来，达到并超越最美好的目标。方法就是：在销售过程中，为客户提供超凡的服务。

第一章
销售到底是怎么一回事

未来是丰富的，充满各种可能性。有可能是成就，也有可能是悲剧。

——阿尔弗雷德 · 诺思 · 怀特黑德（Alfred North Whitehead）

英国哲学家阿尔弗雷德·诺思·怀特黑德曾这样写道，“未来是丰富的，充满各种可能性。有可能是成就，也有可能是悲剧。”是欢庆成就，还是遭遇悲剧，就要看我们如何应对这些可能性了（更重要的是，要看我们如何应对挑战）。

无论何时，只要你面临逆境，就应该迅速行动起来。应该集中精力看清现实，找出方法渡过难关，而不是一味哀叹倒霉。这样行动得越快，你迈开步伐改进现状的速度就越快。

这听起来像是一个过分简单的解决办法，确实是这样。但是，光坐着叹气、议论世事有多么艰难，又有什么用呢？事实上，我们沉浸在负面事情中越久，比如低迷的销售业绩、媒体的恶评、丢掉一个大客户、骇人的全球经济状况，就会把不良影响拖延得越久——因为我们没有采取行动。

在不断谈论事情消极面的时候，我们自己就变成了问题的一部分。这是在帮忙散播坏消息，跟不洗手或咳嗽、打喷嚏时不捂嘴是一样的。事实上，当我们遇到某些可能会致病的细菌时（无论是真的细菌，还是坏消息），最好的做法就是闭上嘴。这对身体和心灵都有好处。我们需要思考、行动，活在当下。

让我们面对现实吧。只要你在某个行业里待的时间足够长，你肯定会遇上繁荣时期，也会遭遇低迷。该怎么应对，很大程度上取决于造成高低起伏的原因是什么。

遭遇困境的原因

人口变化

人是会变的。当前戏剧性的人口变化已经对全球经济造成了巨大的影响，而且这种影响必定会持续下去。在美国，变化之一就是“人口老龄化”。事实上，整个世界的人口都在老龄化。如果你的工作与日益国际化的市场息息相关，那你可要当心了。婴儿潮①那一代里，有无数人发现自己的需求发生了变化。企业必须要适应这一波席卷而来的浪潮，否则就会被淹没。

与此同时，说到科技、金融和消费品方面的企业，这些公司应该满足当今年轻人的需求。奶奶辈的消费者可能不关心新一代的MP3播放器能不能快进和快退，甚至根本不理解为什么要有这个功能，但孙子辈却非常关心。而这一代人很快就会掌管世界的绝大部分财富。

对于某些公司来说，低迷时期真的很难熬。我们能够想象得到，寻找优质客户，签下订单，然后稳稳留住客户，这些工作必

① 此处的婴儿潮时期是指美国第二次世界大战后的1946年至1964年。——编者注

将成为主要的挑战，或许还会成为唯一的挑战。但我要再说一遍，应对这个挑战是有办法的。

比起以往任何时候，如今的公司和个人更加需要把精力放在这件事上：搭建合理的组织架构，推出各种产品或服务组合，满足形形色色的个人与企业用户的特定需求。

经济周期

经济形势会继续反复无常地变化。“当然了，汤姆，它什么时候不变来着？”如果谁有预见未来的本事，能精确预测经济形势，那他肯定会统治世界！

我们都看到了，21 世纪头几年，许多服务行业出现了惊人的增长。一连数年，无论是电视新闻，还是大众杂志和地方报纸，都在宣传令人热血沸腾的故事：房地产市场一片繁荣，股市回报高得惊人。

这当然很好，可自然法则告诉我们，每一次的繁荣必然伴随着萧条和低迷。说得好听点，是“矫正”。狂飙上去的肯定会跌落下来。当然，时机合适的时候，它（且不管这个“它”是谁）多半会再次反弹回来。

唯有聪明的生意人才能成功地驾驭这辆过山车，从低谷里驶出，借着必将到来的上升势头，冲回最高点。公司和员工必须要让自己成为有价值的供应商：行动迅速，提供符合客户需求的产品/服务组合，以及真诚而又个性化的服务。

政治形势

我不在意你支持哪个党派，就算你觉得自己毫不关心政治也没关系。但你要明白这一点：你和政治肯定是密切相关的。地方也好，州和全国也好，都脱离不了政治。

不以为然？你再仔细想想。不管你是反对大政府，还是支持大政府，或者持中立态度，这些都无所谓。你的生意是成还是败，你能否达成目标，或者在你追求一个安全、公平、幸福的未来的过程中，政府——也就是政治——都是重要的因素。

有些行业一直处在地方、州和联邦法规与管理部门的严格监管之下。只要公司的领导岗位和销售部门有那种肆无忌惮的贪婪家伙，监管的潮流就会一直持续下去。

商业运作的一个关键因素是伦理。想想前几年那些骇人听闻的商业丑闻吧。20世纪80年代的储蓄信贷协会危机和内幕交易，例如世通公司、泰科国际有限公司、英克隆制药公司（就是玛莎·斯图尔特那件事）[①]和安然公司都牵涉其中。

由于这些丑闻，人们认为公司的高层管理人员应该对这些事件负责。在不少此类失败的例子中（既是公司的失败，也是公司管理者的失败），其原因往往是贪婪和（或）伦理标准太低。

为了防止日后出现大量的商业违规现象，我们每一个人都需要提高要求，把“责任感”放在使命宣言的首位。关于这个话题，我看过最好的一本书就是约翰·G·米勒（John G. Miller）

---

① 即ImClone，美国家政女王玛莎·斯图尔特2004年因内幕交易，抛售这家生物科技公司的股票被定罪入狱。——译者注

写的《QBQ！问题背后的问题》（*QBQ! The Question Behind the Question*）。这本书里讲到的内容非常实用，可以应用到所有场合，并且永远不会随着时间失效。这是因为，无论外界如何变化，个人和组织都需要有责任感。在本章后段，我们会就个人伦理以及它对你的生存机会有多大影响这两个话题详加讨论。

如今的商业法规在各个层面上都很严格，以后只会更加复杂。日益增多的法规和政府监管会加剧人们失去工作和收入的风险，甚至还会让人失去全盘生意。如果没有理解并遵从这些日渐沉重的法规，后果必然是灾难性的。不守法、声誉扫地、失去客户群、产品和服务的品质糟糕或目标客户不明确，这些因素会摧毁任何一家公司。

坚守最高的商业标准，这是我一向坚持并推崇的。如果你所在行业的标准很低，不要降格俯就。抬高标准。牢牢守住最高的伦理标准，这对培养和保持客户忠诚度是至关重要的，而这是一切成功的基础。特别是在艰难时期里，你必须成为闪亮的道德典范。和客户保持密切的联系，帮助他们度过这个时期，他们必将跟你长期合作下去。

科技发展

变革的浪潮一波波地涌来——新技术提供了更好的手段，以更便宜的价格提供质量更好、更加个性化的服务。然而，和世上其他任何事物一样，技术变革也有利有弊。当你想在业务中引入变革的时候，你需要把每一种变革对客户的影响都分析清楚。

潜在客户只要花同样多的时间，就可以在网上找到六七家供应商，完成采购，但他们为什么还要费劲地跑到市中心去，或者找个销售员来打破家里的宁静？我们知道为什么。这是因为销售员是行业专家，除非客户愿意拿出与你学习行业知识一样多的时间来学习，否则他们不大可能作出对自己真正有利的决定。但极少有买家能明白这一点。

消费者本可以坐在家里，穿着浴袍，慢悠悠地品着咖啡，用手指头在键盘上敲一敲就能买完东西，但他们为什么还要穿戴整齐，开着车子，忍受堵车，然后排队付账？

到底为什么？

答案就在问题当中。技术带来了便利，于是人们渐渐开始相信，他们不需要你这个销售员。如果网站能把你告诉客户的所有东西都说清楚，那么你就彻底没用了。但别忘了这个事实：没有几家网站能提供个性化的服务。它们无法分析哪种产品最符合客户目前的真正需求，同时还会兼顾到客户未来的需求。

技术是个好东西。但唯有把它用做真诚服务的帮手，去解决每个客户的独特问题时，这话才正确。

行业低迷

曾有一些时期（以后必定还会再有），某些特定行业的日子很不好过。我能想起来的几个行业是：产权式酒店[①]、房地产、

① 即由个人投资者买断酒店客房的产权。——译者注

抵押行业、汽车行业、信贷行业。这些行业都遭受过相当沉重的打击。某些情况下，这些行业不得不进行内部整顿，消灭不良行为，进行创新，为客户提供他们非常需要又想要的服务，从而保持竞争力。

自然灾害

如果你居住在美国沿海一带，你将接受暴风雨的挑战，甚至某些时段会暂时歇业，而生活在内陆的人们则每年要面对龙卷风。美国的某些地区更容易惹上火灾，而某些地区则会有暴雪，会害得一切陷入停顿。

大自然发威的时候，每个人都得停下来，储备好必需品，减慢步调，直到灾害过去、生活恢复正常。然后，我们收拾残局，继续向前走，不是吗？我们是有弹性的，绝大多数情况下，我们会东山再起，而且变得更强大，只不过这需要一点时间。

竞争对手

如果你不去关注竞争对手的情况，以便作好准备迎击他们，你很快就会发现，自己已经跌出了行业前几名。如果某家新成立的创业公司想要打进已具规模的市场，就会给出一个让你无法比肩，甚至是连边都沾不上的低报价。

如果你没作好准备，就会被某个长期客户的问题弄得措手不及，而且相当尴尬。客户会问你这个令人难以置信的新报价是怎么回事。如果你企图避开这个问题，或者希望对方压根不提，或者是在销售的后期才提出来，那么，当人家问起你的时候，你就会显得优柔寡断，好像企图隐瞒或避开这件事似的。

当客户把你的产品跟别家的相比，希望谈个最合算的价钱的时候，竞争也会激烈起来。如果你的产品更高端、质量更好，但价格没那么便宜，那么，你应该作好准备，在销售演示的早期主动说出这个问题。时机就是一切，并且当谈到某个潜在问题的时候，如果你胸有成竹，客户就会认为你作了充分的准备，而且知识渊博。

个人问题

个人问题影响了事业，大多数人都曾经遇到过这种事。有些时候是因为我们自己做错了，有些时候是因为发生了比谋生赚钱更重要的事情，比如自己或至亲生了重病。人类的能力是有局限的。我们能承受的就是这么多，以后肯定还会遇见这种情况的——必须把生意往后放放，直到我们恢复元气。就像处理别的挑战一样，我们需要尽最大的努力去面对它，昂首挺胸地向前走。

销售即服务

我已经列出了一大堆挑战，也许你日后会遇到它们，也许你现在已经遇到了。这本书的目的不是紧紧抓住问题不放（传播消极细菌），而是要告诉你解决方法，让你脱颖而出，不仅能在当今的挑战中存活下来，还能蓬勃地发展下去。作为一名真正的专业销售人员，你所做的应该是，为有需求并有能力拥有你产品或服务的人，提供真诚的、具体的、高度个性化的服务。销售即服务。

作为个人或组织，你会面临巨大的压力，想把你的产品或服务、每月的销售任务、你的公司，甚至是你的个人目标排在客户需求的前头。老兄，这条路通向的是灾难，而不是成功。

如今的客户对产品和服务越来越了解，对市场上不断涌现的新技术也越来越熟悉。不仅如此，随着人口、经济形势（地方、区域、全国、全球）、政治局势和技术水平的变化，客户的需求也在持续不断地变化着。

有些个人和组织能够迎接这些形形色色的挑战，把它们变成机会，从而与客户建立起牢固而长久的关系。这样的人或组织才是未来的赢家。

朋友们，这就要看销售的本事了。

在接下来的章节中，我会告诉你该怎么做销售——无论你面对的挑战是什么。我的意思不是“强行推销”，也不是教你如何“对付”或“搞定”潜在和现存的客户，而是提供真诚的、经过精心设计以期符合客户需求的服务。我要教给你的是我从现实世界、街头和“战壕”里学来的经验……在逆境中做好销售的必备步骤。但是，在讲这些步骤之前，我们先来谈谈承诺的问题。

对销售生涯的承诺

像婚姻一样，销售生涯也是个承诺。就像任何长久的承诺一样，我们答应好坏兼收。当然，在作出承诺的时候，我们往往想的是好的一面。我们强烈地憧憬着成功，希望生活得心满意足，并获得金钱回报。我们对崭新的开始跃跃欲试，对未来激动不已。

我们对公司许下承诺，做好产品的“代言人”。我们承诺要好好学习，了解行业知识，掌握高效的销售技巧。我们作出时间承诺，在客户方便的时候去拜访他们。

我们甚至对自己和心爱的人作出承诺，要让家里每一个人过上更好的生活。有时我们会承诺，绝不再回头从事从前那份职业。出于种种原因，我们憎恨那份工作。这很重要，因为离开某些事情的动力往往会比尝试新事物大得多。

通常，我们进入某个特定的领域或行业，是因为它点燃了我们心中的激情。我们为这项产品或服务能为客户带来的好处，以及产品线的发展和延伸而激动不已，当然，也有那潜在的金钱回报。

想想那一刻的感受：你下定决心，要销售现在这项产品。还能记起那种激动的心情吗？对于这项产品，它为客户带来的好处、市场的规模，还有你在行业内的上升空间，让你激动不已。也有可能是你遇上了一个已经在这个领域站稳脚跟、过着令你艳羡的生活的人。既然想法会产生情绪，那么你现在应该感受到那种初次踏入这个行业时想要追求成功的强烈渴望了。这种感觉不是妙极了吗？

我讲的内容都是基于销售的基本原理。而且，重新体验你初入销售行业时的想法和感受，对你下面的阅读是至关重要的。我们要重新点燃起你的激情和对成功志在必得的决心。或许你现在面临着这样或那样的挑战，但是，除非你所在的行业濒临瓦解了，否则你仍然有希望脱颖而出，登上巅峰，成为一名无论遇上什么挑战，都能存活下来并有声有色地发展下去的专业人才。

和学习其他新知识一样，阅读这本书的时候你也会遇到学习曲线的问题。我们会在书里不断地重新强调和回顾重点，学习曲线会依然存在，但比起对销售概念完全陌生的情况，这条曲线肯定会短得多，因为你已经有了知识积累。

销售工作最带劲的一点就是，它充满挑战。这世界上有太多的人，每天要面对同样的场景、同样的人、同样的工作、同样的薪水单。在销售这一行里，你有无数的机会去见识新场景、结识新人、推广新产品、拿到可观的回报。和任何高回报的事情一样，这份工作对我们的要求也很高。我们必须每天带着笑脸去面对一切。我们必须不断地结识新人，并且要擅长作出敏捷的反应。

作为销售员，你会享受到一些补贴和好处，而那些在财会和制造行业里工作的人见都没见过。如果你是个新手，你拿到高工资的机会比他们多。公司或许会给你配车、笔记本电脑和手机，给你报销出差费用。除非你在零售行业工作，否则你可能连闹钟都用不着。你的工作时间会比公司其他部门同事更灵活，因为你很可能需要在下班时间去见客户。

尽管我个人认为销售是世界上最伟大的职业，而且把它当成我终生的事业（就连今天，我也仍然在向读者们销售观点），但所有这些好处也会遭遇现实。销售世界的现实就是：生意总会有起落。这有点像季节更替，或是人或植物的一生。我们都要经历一个从成长、成熟到安息的循环。

逆境总会出现，生意会有淡季，甚至是你所在的整个行业都会遭受重创，进入彻底的黑暗。或许你现在已经身处逆境，但好消息是，事情总会好转起来的。从另一方面说，如果你正身处巅峰，并想知道如何未雨绸缪，那也请你继续往下读吧。

如果人们不理解世事皆有涨落的道理，他们面临的最大挑战就是永远无法提前作好准备。在一帆风顺的日子里，生意非常好，以至于他们变成了工作狂，或是欠下了巨额的债务，满心期待着未来五年、十年，甚至是三十年仍然能挣到这么多钱。

在生意好、销售顺利的时候，人也很容易变懒，淡忘了销售的基本要素。人很容易就不再注重那些基本功，而这些东西却是牢固、长久的职业生涯的基础。然后，形势低迷的时候，你的职业和个人生活都会受到打击。你在大好形势中欠下的债务如今压得你喘不过气来，逼着你更辛苦地工作，才能维持收支平衡。

如果你立志把销售当做一份全职的、长久的事业，给自己制定一个现实的目标是很重要的。有一种现象很悲哀，但的确是真实的——许多销售员年复一年只卖相同的产品，因为他们只了解那种产品。他们觉得这样做很自在。他们绝对不会去想“改变”的事，除非整个行业消失了……就像汽车工业蓬勃发展起来之后，四轮马车就消失了一样。

不要坐等变化找上门来——无论是由于经济形势、行业情况，还是地理区域导致变化出现。你需要再作出一项承诺。你要承诺不断地提升技能，学习更多知识，进一步拓展人脉。有太多平庸的销售员，只不过是在重复他们第一年的销售经验，年复一年，直到退休。这意味着你收入增长的速度比不过通货膨胀的速度。你愿意这样吗？不愿意吧。

时代变得艰难的时候，帮自己个忙吧，不要只是作出反应……你应该作出回应。这两个词的区别是什么？当某件事影响了我们的时候，我们会采取相应的行动或反击，这就是反应。反应是立即产生的，多半没经过脑子，或是纯粹靠直觉。相反，为了对某件事作出回应，你需要采取两项非常具体的行动：(1) 停下来；(2) 想一想。

我希望你能把这本书当做工具，帮你作出回应。当你觉得事情开始失控的时候，后退一步，认真地想一想究竟是怎么回事。除非你能确切地找出哪里出错了，否则你肯定无法弥补错误。

一旦弄明白了眼前的状况，你就需要作些选择。你会继续留在这个行业里，熬过难关吗？你会换个工作，去薪酬更高的对手公司干吗？你会先离开销售这一行，等形势好转了再回来吗？你会甩开老板的控制，去开创自己的事业吗？你会回到校园充电，然后开始另一段职业生涯吗？这是个艰难的抉择——如果你习惯了顺风顺水，没有迎接销售生涯承诺中“坏”的一面的准备，这就更加艰难了。

为了生存，下定决心

为了在任何打击销售生涯的挑战中生存下来，你需要遵从童子军的座右铭：时刻作好准备。那么，该如何作好准备，以迎接随时可能会发生的未知事件呢？

首先要作出个人成长的承诺。个人成长是积累知识和本领的过程，让你可以提供更多服务，赢得更多回报，为自己、家庭和全人类的进步作出更多贡献。这需要你投入时间、精力和金钱。要牢记，个人成长犹如逆水行舟，不进则退。

去结交赢家。找到志趣相投的人，交流当前形势下的销售策略、积极的消息和创新的想法，相互推荐生意。要当心，别去找那些不愿意付出的人。你自己也别做那种只想收获却不愿积极贡献的人。

为了让自己不断前进，我建议你把5%的时间用在个人成长上。如果你每周工作四十个小时，那么就拿出两小时给自己。未必需要整块时间——尽管我的不少学生都认为整块的时间效果更好。你可以承诺每天拿出半小时。（做个算术。加起来，你每周学习的时间就比两个小时多了，但你想获得长久的成功，不是吗？）

学什么呢？这取决于你自己。以下这些技能对取得全面成功是至关重要的，给自己作个能力评估：

- 时间管理

- 电脑操作技能
- 写作能力
- 专注力
- 自律能力
- 口头沟通技巧
- 穿着打扮
- 商务礼仪
- 解读并运用身体语言的能力
- 阅读能力
- 数学知识
- 产品知识
- 文书工作/入门知识
- 社交能力
- 前瞻性
- 理财能力

如果你发现自己在某项能力上的水平不高，别担心。投入5%时间的目的，就是要通过学习来克服这些恐惧。

学习这些用不着花太多钱，用不着采取传统的方式（如果你跟我一样憎恨学校的话）。大部分资料在你家附近的图书馆里就能找到。忘了那些信用卡的广告吧，借书证是你钱包或手袋里最有威力的卡片。

比起投资个人成长，还有什么别的投资更合算吗？想想吧。

我敢肯定你会同意我的观点：其他任何种类的投资都有可能贬值、被人偷走，或是要缴税。而投资在自我提升上的时间会伴随你终生，在整个职业生涯里增强你的自信，提高你的能力，帮你迎击生活带给你的一切。

当地图书馆会有浩如烟海的学习资料，但咱们再多加一点儿——我建议你为自己建立一个教育基金，把净收入的5%存起来。这样一来，当需要花钱的学习机会出现的时候，你永远也用不着说："我没钱。"或许你想去当地的社区大学或院校去听听课。有些私立的技术学校会开设特别好的收费项目，对你的职业生涯极有帮助。就像开音乐会一样，有些极为出色的老师会到你当地讲授与你的行业或领域相关的课程。寻找这种机会，把它们排到日程表里。开始学习吧!

精神治疗师艾伦·洛伊·麦金尼斯（Alan Loy McGinnis）说得好："*每个人都有弱点。诀窍在于，找出哪些是可以改进的，然后下工夫改进，再把其余的忘掉。*"

按照上面的清单分析自己的长处和弱项的时候，你肯定会觉得有几项提高起来更容易些。但是，一旦你掌握了那些你觉得困难或让你不大自在的东西，这对你的职业生涯是最有好处的。起初你可能会有点犹豫，不愿意学这些东西。这很正常。做最害怕的事情，我们总会犹豫，但害怕只是因为缺乏了解而已。

当我还是个年轻销售员的时候，我的导师是伟大的销售培训师J·道格拉斯·爱德华兹（J. Douglas Edwards）。跟世上95%的人一样，我特别害怕在公开场合作演讲。爱德华兹先生在得知我受邀在一个销售会议上演讲自己的成功经验以后对我说，“汤姆，如果你肯去做你最害怕的事情，你就会克服恐惧。”虽然这话挺让人难以接受的，但我知道他说得对。我接受了那个演讲的邀请，然后一头扎进准备工作中去，学习如何作好演讲前的准备、如何呈现一堂精彩的演讲。我承认第一次并不尽如人意，可我去做了，而这不仅给了我再次尝试的自信……还有提升自己的欲望。

去寻找每一条能让你比今天更出色的道路。对那些最害怕的事情，别畏缩，别怕坦承弱点。在心里赞扬自己的长处，你就会获得自信去克服那些弱点。

坚守道德准则

当面临一个会对收入造成巨大影响的挑战时，你会非常恐惧。逆境来临的时候，恐惧是相当普遍的反应。我们害怕失去安全感——失去收入，甚至还会失去工作。我们会惧怕失败，或是惧怕失败的假象。人们在面对事业上的巨大挑战时，这两条是造成焦虑的最主要的因素。

当感到恐惧的时候，我们往往不能理性地思考。不理性的想法和焦虑感会让我们做出以后会后悔的事情。我们可能会向客户、同事或家人说点小小的、善意的谎言。我们可能会做出平常不会做的举动，比如，省掉了某个可能会阻碍销售的重要信息，或是想把东西卖给并不真正需要它的人。换句话说，我们会尽一切努力拿下订单，不管这对客户有没有好处。不幸的是，这些行为造成的问题比我们面临的挑战更严重。

千万别这么干。别耍小聪明，这样做只会使眼前的逆境变得更加艰难。即使这么做能够暂时缓解你的压力和痛苦，但它绝对不会带来长久的满足。事实上，你的后半辈子会被它搞得心烦意乱。或许它会开启一个恶性循环。

当在压力之下不得不作出选择的时候，我们需要依靠强烈的道德感。如果你已经形成了说善意谎话的习惯，或者在做销售演示的时候喜欢走捷径，而且还找理由说这是对的，你会发觉自己作“明智决策”的肌肉会变得软弱无力，更容易作出糟糕的选择。为糟糕的选择找借口，相当于对自己说谎——如果你习惯了这个，你会对每一个人说谎。

关于伦理道德，我要讲的内容很简单：

第一，遵守这个黄金法则：你希望别人怎么对待你，你就怎么对待别人。如果社区里可能会出现变化，对我家的房价有影响，我想不想提前得到提醒呢？是的。如果有人对我说，我应该买一个不常用的东西，只因库存不多了，我希望听见这种话吗？或许我希望听见——如果我真的需要或想要那个东西的话。如果有人告诉我某个投资特别合算，但实际上不是这样，我希望听见这种话吗？绝对不想。

第二，设定一个伦理道德的尺子，用它度量你在工作和生活中的一切言行。对我的某些学生来说，这把尺子是外界的看法。面临左右两难的局面时，他们会自问：“要是老妈或老爸知道我这么做了，他们会为我感到自豪吗？”或者是，“要是孩子们知道我是这么做的，我是什么感觉？”对另外一些学生来说，“外界”的定义更为宽泛：“如果我的行为上了本地或全美的新闻，会对我、我的事业和我爱的人产生什么影响？”

不少人的尺子是内在的。“我这么做了以后，心里会有什么感觉？”“以后我会不会后悔？”“我想这么做的原因是什么？”只要原因不是“帮助别人作出对他们真正有好处的决定”，也不是“为个人或公司客户提供他们需要的服务”，你大概就需要换个行动计划了。

别背上内疚的包袱。如果你打算做的事情（或想说的话）会令你日后感到内疚，那就别做。内疚毫无意义。唯有你自己能够控制它，而你对待它的态度甚至会影响你的一生。

第三，要诚实。如果你一向诚实，从不对客户撒谎，你根本就用不着担心掩饰的问题。就连马克·吐温都提到过。他说，“如果你一直说真话，你就什么事情也不用记。”

心理学家和精神科医师会告诉你，人们来咨询的时候，如果他们能学会诚实面对自己的错误，然后原谅自己，很多精神困扰就会消失不见。“不诚实”是个难以负担的重担，它会影响你的心灵和身体。

犯错是人生的一部分，我们都会犯错。你只需养成一个习惯：坦白承认错误，如果你伤害了别人，就请求别人的原谅，然后原谅自己。这样做的话，你会以更轻快的步伐前进，还会发现有更多好事出现在生命中。

永远不要把赚钱的需要或欲望排在“为别人提供服务，满足他们的需求”前头。要想在销售生涯中取得真正的成功和长久的、极其丰厚的回报，这一点就是基础。

要点总结

- 你要明白，销售是一个周期性的行业，你不仅需要尽情享受高峰时的快乐，也要为迎接低谷作好准备。
- 绝大多数造成周期的因素都不是你能左右得了的。面对变化，你应该作出回应，而不是反应。
- 销售就是为他人提供服务。
- 真正的专业销售人员会作出追求成功的承诺。
- 为了赢得成功，你需要坚守自己的道德准则。

第二章

你是哪种类型的销售员？

Selling in Tough Times

Secrets to Selling When No One Is Buying

无论你想要什么都能得到——如果你总是帮助别人得到他们想要的东西的话。

——齐格 · 齐格勒（Zig Ziglar）

由于你在读这本书，那么我就假设你不是那种爱忽悠潜在客户的人，也不会对客户施压，敦促他们作出日后会后悔的购买决定。但这一章的目的不是“什么不该做”。我们的目的是，让你看看当今顶尖的销售人才都拥有什么素质。一旦你知道了这些，你就可以评估一下自己，看你有没有这些素质，如果没有的话，想想怎么提升自己。

如果你想取得真正的成功，你在自己身上下的工夫应该比工作中更多。销售是你的职业，但是，把它变成你的嗜好吧。养成习惯，每天注意观察你身边各种各样的互动。每个人都在销售！他们是怎么做的？他们的行为举止如何？他们用了什么词？对他们的行为风格，潜在客户有什么反应？他们是提出问题，还是滔滔不绝地讲个没完，或是对客户下命令？他们会去跟进客户吗？为了取得成功，他们会做出哪些不一样的行为，说出什么不一样的话？

集中精神，留心一切可能会给你带来销售灵感的事情，你很快就会发现自己每天都在进步。你可能不假思索地说了什么有用的话，说服了孩子吃健康的早餐。或许你听见伴侣对另一位家人说了什么，引起了对方的积极反应。他们是怎么做到的？

如果你在上班的路上听收音机（而不是听学习资料），那就仔细听每一条广告。他们用的都是什么词？在你心里唤起了什么情感？当你听了广告之后，想记下某个网址或电话号码，想想为什么。是因为你真的需要那个服务吗？还是广告里有什么东西在情感、逻辑或理智上吸引了你？

在我最成功的学生中，有不少人都会随身带个小本，随时记录下任何一条销售灵感。然后他们每周复习一次，看看如何把这些点子运用到销售中去。试试看吧！结果会让你又惊又喜的。

你的销售风格

既然你已经作好准备，打算随时收集销售灵感了，那么让我们来看看你现在的销售水平。要说销售风格，绝大多数销售员都能归为两大类：

(1) 本身很有趣的外向型。

(2) 对别人更感兴趣的内向型。

一提到销售员这几个字，绝大多数消费者会想到第一类的外向型。外向型的人把注意力放在外界。他们喜欢当派对的主角，时刻准备着结识新朋友。这种性格的极致状态是，别人经常说他们不同凡响。

较为适中的状态是，有趣的外向型性格热情而主动，经常盼着结交新朋友。

一些不理解销售微妙之处的人会告诉外向型销售员，说他们天生就是干这行的，因为他们有“跟人闲聊的天赋”，或是有没完没了地说话的本事。如果你现在也没意识到这话不对劲，那么我告诉你：专业的销售员不会说个不停。你说话的时候，只是把你已经知道的东西讲出来。与人分享产品知识固然重要，但对于销售员来说，更重要的是倾听。

听什么呢？你会问一些问题来判断眼前的潜在客户是否合格，那么你要听客户是怎么回答这些问题的。他们的回答能帮你决定，关于产品你该对他们说什么——哪些功能符合他们的需要，能提供他们正在寻找的解决方案。关于如何判断客户是否合格，我们会在第七章中详加讨论。现在，我们来说说过于外向的性格在销售中有哪些弊端。

极度“有趣的外向型”销售员喜欢控制谈话，喜欢自己说个没完。控制销售进程固然很重要，但是，如果你是外向型的销售员，你要留意自己说与听的比例。外向型的人过于关注自己接下来要说的东西，以至于不太注意潜在客户在说什么。如果你有这个习惯，你会丢掉许多细微的信息，或许还会丢掉某些关键的、客户觉得非告诉你不可的信息。要是他们感觉到你没在倾听，他们就会停下来……很可能也会结束销售进程。

外向型的销售员若想取得成功，就要往温和的方向靠一靠，别那么激进，采取热情而好客的风格就可以了。邀请客户到你的展示厅或办公室来坐坐。让他们觉得舒服自在，让他们开口谈谈需求。

关于外向型的销售员，还有一点：这些人做销售演示的时候，喜欢自己当明星。这会让你无数次无功而返，想破头也不知道哪里出了问题。产品展示中的明星只能是产品。产品就好比等人领养的小狗。你不会抱着小狗不放，然后滔滔不绝地讲它有多可爱；你会让未来的主人抱抱它，闻闻它，跟它玩一会儿。当客户这样做的时候，你就要离开聚光灯，你只需要观察，然后引导他们作出决定就行了。

现在我们来谈谈内向型的销售员。你可能会认为内向的人不可能做好销售，但这是错误的成见。实际上，内向型的销售员经常比外向型的销售员做得更好。的确，他们可能会更加关注内在的东西，但正因为如此，他们更了解潜在客户的心思。比起外向型的销售员，他们更有同理心[①]，而在每一次销售中，同理心都是关键角色。

内向型销售员多少有点谦卑或害羞。极致状态下，这种性格会阻止他们把销售当做事业。然而，顶尖的销售人才懂得仆从心态的威力——要做客户需求的谦卑奴仆。

我的好朋友、培训师齐格·齐格勒经常这么说：“无论你想要什么都能得到——如果你总是帮助别人得到他们想要的东西的话。”这正是我所说的仆从心态——帮助别人得到他们想要和需

① 同理心（empathy），即移情或共感，产生同感。——编者注

要的东西。

成功的内向型销售员还有一个素质：他们更愿意倾听，而不是说。他们不在乎放弃谈话的主导权。他们让客户尽情地说，从中得到他们需要的信息，然后引导客户购买合适的产品或服务。他们就像个过滤网，筛掉所有无关的信息，挑出零零星星的有用信息，看清哪种产品或服务最符合客户的需求。

想象一下，如果有趣的外向型销售员在尺子的最左边，对别人更感兴趣的内向型销售员在最右边，那么你自己在什么位置？他们的性格特征中，你拥有多少？你应该把哪一条好好磨炼一下？你打算如何练习这些新技巧？

如果你更偏向外向型销售员，下次谈话时，你就得多花点精力倾听对方说话。忍住了，别插嘴去评论一番。如果某人跟你说今天他过得如何，静静听着，只评论他今天的经历，别把谈话主题变成你今天过得怎么样，也别说“要是我，我会……”。对极度外向型的销售员来说，做到这一点很不容易。但是，你向尺子中间靠得越近，你的销售成绩就会越好。

对于内向型的销售员，你应该大方地跟客户对视，多多微笑，使用身体语言来证明你关注对方。点头，记笔记，专心听对方说话的时候，将身体前倾。这些身体语言会让潜在客户一直说下去，因为你引发了他们倾诉的欲望。因为你对他们感兴趣，所以他们想告诉你更多。

顶尖销售人才的素质

比起关注自己的声誉，你应该更关注自己的性格。因为性格才代表真正的你，而声誉只不过代表别人眼中的你。

——约翰·伍登（John Wooden），加州大学洛杉矶分校篮球队前任教练

既然已经谈过了你的基础销售风格，下面我们来深入分析一下顶尖销售员的性格和素质。

第一，专业的销售人员有使命感。每个领域的顶尖人物的工作目标都比赢得金钱回报更高远。他们需要向某个人证明——哪怕这个人就是他们自己。或许他们听到了别人的成功故事，受到了鼓舞；或许他们遇到了良师，而这位导师从他们身上看到了连他们自己也没意识到的潜力。有些人特别想追求成功，只是因为以前有人说他们资质平平，这话让他们奋发图强，想要做出些出人意料的事情，让自己脱颖而出。也有些人的目标更为崇高，而销售生涯是他们实现目标的手段。

在销售培训课程的末尾，我会说上一段话，顶尖的销售员都能理解并赞同其中的含义。"我在此承诺，我要学得更多，以便服务得更多。因此，我会挣得更多，钱存得更多，积累起财富。然后，我会成为金牌销售，并且有能力奉献更多。"

奉献的对象是谁都没关系，为了家庭和爱人也好，为了全人

类的福祉或拯救地球也行。你要心怀远大的目标，遇到逆境的时候，这股力量会让你坚持下去。在销售这个不容易做好，但回报甚丰的行业里，“坚持”是你必须要做的事情。

你的动力是什么？是什么促使你每天清晨起床去做事？如果你的回答是“养家糊口”，这也行。但是，既然我们是有上进心的生物，在养家糊口之外，你得到的是什么？是荣誉感和成就感吗？你真的喜欢现在做的事情吗，或者只是为了付账单、生活下去？你觉得“为别人服务”的回报比金钱收入更有意义吗？你热爱你销售的产品吗？

如果你对上述问题的回答没有多少是肯定的，你大概应该考虑换一种产品做。你已经掌握了相当不错的销售技巧，而学习如何销售的最大好处就是：这些技巧是通用的。

如果你真心热爱并相信你销售的产品，那么效果是很奇妙的。人们想买你的产品的时候，更看重的是你自己对产品有没有信心，而不是你死记硬背的产品知识。如果你自己都不相信你的产品那么优秀，但却表示自己都想要一个（假如说买得起的话），也想让爸爸、妈妈和奶奶都用上，那么，你给潜在客户作演示的时候，这种态度就会在你的行为举止中流露出来。他们看得出来。未必是因为你说了什么，甚至也不是你的声调有变化，而是某种更为微妙的感觉。精明的消费者会嗅出那种味道，于是决定再到别家转转。他们未必会改变主意，去买另一种产品，但他们会去找另一个销售员——一个真心相信这个产品，能让客户对产品爱不释手的销售员。

第二，专业的销售员注重细节。他们会迅速地发现细节问题，并且认认真真地处理。做事混乱没头绪，这对销售员来说是个很大的障碍。现在花点时间瞧瞧你的桌子、公文包，还有电脑文档。它们摆放得井井有条吗？你只要点点鼠标就能把相关的产品信息都找出来吗？你能轻松地找到每一个客户的全部联系信息吗？你的文档整理过吗？文书工作完成了吗？你跟踪自己的销售数据吗？你的上司这么做吗？你喜欢攒上一大堆东西却不去整理吗？你身边堆了一大摞行业杂志或新的产品手册，却还没来得及看吗？你会用日程表安排见客户和销售会议之外的事情吗？

如果你不够井井有条，那么从今天起，开始正确地处理细节问题。不要因为整理旧资料是一项艰巨的工作，就迟迟拖着不干。只要从今以后做对就行了。然后，在你的每周计划中留出二三十分钟，做“整理”工作。在这几十分钟里，把客户的联系资料更新一下，把报告归档，至少读一篇行业杂志文章，或是看一条行业或产品信息。

请注意：不要在做销售的黄金时间去写报告，或是做整理工作。把这种事情放在客户没空见你的时候做。

尽管你可能是为别人打工的，但你也应该用老板的思路去做事。要不断地问自己：“我想跟我这种人做生意吗？”只要答案不是斩钉截铁的“是的”，就要想想你需要作出哪些改进，并且规划行动时间。

一个已经定型的企业很难在一夜之间完成重大转型，对你来说也是一样。但是，如果你能够孜孜不倦地改进提高，你很快就会发现自己工作起来更容易、更高效了，你也会发现自己拿到的订单越来越多了！

第三，专业的销售人员特别有同理心，非常关注潜在客户的需求。我发现，真正理解同理心威力的销售员太少了。同理心的定义是：理解他人的情绪和感受。就像俗话说的，穿上别人的鞋子走上一英里——但不用真的磨出水泡来。它和同情心不一样，当你同情某人的时候，你在身体上和情绪上都会受到类似的影响。心怀同理心，你仍然是你，处在你的自然情绪状态里。你有能力去理解他人的恐惧、需求和忧虑，但不必亲身经历这些感受。

当你带着同理心一步步做销售的时候，你就可以帮助潜在客户去想象这个场景——他们如何通过你的产品或服务来满足愿望。你不是一个企图去影响他们的外在力量，而是“用他们的眼睛”看问题，然后帮助他们用这双眼睛去看你的解决方案。“我能从中得到什么好处？”人人都会下意识地问出这个为自己着想的问题，而你正在用答案去帮助他们。

以前，我主要给房地产行业作培训，我会告诉房产中介，应该先把自己的意见清空，要从买主的角度去销售房产。比如，带客户看房的时候，绝对不要比客户先进房间。这是因为买家感兴趣的是房子，而不是中介。客户看到房子的时候，应该感觉自己好像已经住进这里一样。除非房产中介打算跟客户一块儿搬进来住，否则在客户进入每个房间时，第一眼看见的不应该是这位中介。人们应该用自己的眼睛去发现房子的特点和优势，而不是通过房产中介的眼睛：“这是餐厅”，“主卧多漂亮呀”。或许客人觉得那餐厅简直像是一间办公室。他们也未必赞同你说的话，认为主卧有多么漂亮，或许人家见识过更好的。

如果你不断地培养同理心，培养从客户角度看问题的能力，你的工作——引导客户找到最符合他们需求的解决方案——就会干得更好、更快。与此同时，你还会让他们这样想，“他理解我！他完全知道我要什么。”

想培养同理心，你可以从朋友和爱人身上做起。回想一些可以从他们的角度看问题的情景。如果你想不起来，就只想一件最近发生在他们身上的事，试着从他们的角度去看问题。别主观臆断，只要想想他们的感受，然后有意识地扮演独立第三方的角色。如果你置身事外，考虑他们的处境，理解他们的情绪，你会给出什么建议呢？要当心，如果对方没有主动提出要求，你就别把建议说出来。但在销售中，潜在客户跟你说话，是因为你名声在外，别人都说你是行业里的专家，或者你的岗位职责书上就是这么写的。因此，潜在客户是主动向你征求意见的。

作为销售员，卖的不是你想卖的产品，而是客户想买的产品。因此，你必须留意他们说什么、做什么，他们是怎么阐释目前碰到的问题的——正是因为这些问题他们才来找你。你要理解客户的挫折和沮丧——没有你的产品，有些事情他们就没办法做。

不要死守一套刻板的展示方案。听听客户最深的挫折感是什么，让他们看看你的产品是如何满足那个需求的，然后按照客户爱听的顺序，把产品的其他功能和好处讲给他们听。经常换换花样，不仅会让你的演示更精彩，你自己也会觉得更有意思。

第四，专业销售员是以目标为导向的。他们会把这些写下来：我想成为什么样的人；在未来的30天、60天和90天内，我想得到什么、想做什么。他们制订年度销售目标，也会想好休闲目标——下次全家想去哪儿度假。他们知道自己想换什么车。他们知道今年想要服务多少位客户，打算什么时候退休。

你是怎么实现目标的？把它们分解成小目标，然后记在“待办清单”上，在日程表上留出完成它们的时间。一旦你认识到这么做很有效果，你很快就会发现，自己已经走在实现一切所能想到的目标的路途中了。

如果你想在销售领域成长并取得成功，请看下面这张行为清单，你应该定期去做这些事情：

- 找出新客户
- 为了拿到新订单，打陌生拜访电话
- 安排/确认跟客户见面的时间
- 准备销售演示
- 作演示
- 成交
- 发感谢信
- 打跟进电话
- 为客户提供服务
- 内部文书工作/写报告
- 请别人为你推荐生意

- 接受别人的推荐
- 发出相关资料（通过电子邮件、信件或传真）

这些工作可不是没事找事。刚好相反，这些举动会为你带来订单。如果你喜欢亲眼看见你应该有多忙，请去浏览我的网站 http://www.tomhopkins.com。在“免费资料”那个页面，我们提供了一个完全没有技术难度的“每日行动表”。充分使用它，你很快就会发现，繁忙就等于大量的新订单。

第五，专业的销售员有跟进计划，会不断跟客户沟通。你跟每个客户每年至少要沟通六次。你现在做到了吗？上次你跟所有客户全部联络了一遍是什么时候？如果答案长于60天，那么你就落后了。下周留出一个上午的时间，或下午晚些时候，给你的现有客户打电话。没必要向他们销售任何产品，也不要觉得这是打扰他们。你只需拨个电话说：“约翰，我是顶点公司的鲍勃·马丁。上午我想起您来了，打给您只是想看看您是否还满意我们的服务。如果关于××（你的产品或服务）您有任何问题，请给我打电话。”瞧，多容易。如果客户接了电话，你就直接对他们说。如果对方没接，你就把这些话留在他的语音信箱里，但要加上一句：“要是您需要找我的话，请在上午九点到中午之间，拨打××（你的电话号码）就行。”

如果你要联系的客户特别多，就在晚上早些时候打，或是在他们下了班的时候打。如果你的客户是个人消费者，那就趁他们不在家的时候打。这是为了把话留在语音信箱或电话答录机里。

这么做，你可以把全部信息告诉他们，并用不着花时间跟每个人聊天。你可以在相对较短的时间里联络许多人，起码能让他们知道，你已经找过他们了。然后，等你能排出多点时间的时候，养成习惯，跟客户预约一次较长时间的拜访，打电话或见面都可以。

联络的方式要多一点，不是所有的沟通都要打电话，你可以发个电子邮件，或者发点资料过去，传真一条友好的信息给客户也行。考虑一下，请人做个跟你行业相关的新闻简讯，定期发给每个客户。让客户知道，你希望与他们保持联络，并且用一些对方可能会觉得有用的信息，不断地让他们了解你的产品或所在行业。

请注意：发电子邮件的时候，你要知道电子邮件是可以转发的。你很清楚这有多容易……点击一下就行……消息就发给别人了。别发任何你不愿意让其他人看到的信息！

三年内，我的生意从零做到了98%靠的是客户口碑推荐。在所有帮助我做到这一点的行动中，有一项最为简单：我定期亲手写便笺发给客户。事实上，我每天的工作目标之一就是发出十封感谢信。我给首次见面的人发去感谢信，只因我们共处了一会儿；我感谢老客户不断地给我订单；我感谢卖给我产品的人，因为他们给我提供了出色的服务；我发出“周年纪念”的感谢信和“谢谢你接我电话”的感谢信；我感谢客户肯给我机会，听我作演示(哪怕他们最后没买)。

你可能觉得我有点太疯狂了，但结果就是明证。它有用！在我发去感谢信的这些人里，无论谁有地产方面的问题，都会想到我的名字，然后就会给我打电话。他们有一堆我的名片，因为我每次发感谢信的时候都会附上一张。

今天，你可以用网络给客户发这种消息，比如SendOutCards。这比我当初亲手写要快得多，但肯定一样有效。我的网站上有相关信息。

别担心自己写不出效果好的感谢信。我的网站上有，多年来我和我的学生都是这么写的。请登录http://www.tomhopkins.com/pdf/ThankYouNotePhraseology.pdf查看相关内容。

第六，专业的销售员会快速处理问题。这包括：尽快给客户回电话；研究细节，看看为什么会出问题；想出聪明的办法解决问题。没人想面对气呼呼的客户。然而，拖延时间只会引起更多问题。不要认为联络客户之前你必须要想出解决方案。想想看，你因某件事不高兴的时候是什么感受？如果有人快速回复了你，并询问细节情况，哪怕只是听你发发火，不是更好吗？一旦冷静和理智占据了统治地位，你就能想出解决方案了。销售中发生问题是不可避免的，你越是解决得出色，生意就会越多——因为客户会向别人推荐你。你放心好了，约翰和萨莉肯定会把问题告诉他们认识的每一个人。你不觉得给这个故事安排一个皆大欢喜的结局是很明智的吗？

即使你没办法完全解决他们的问题，或是无法马上解决，也应该跟不开心的客户保持联络，直到他们满意或作好准备继续往下走——继续跟你做生意——为止。

第七，专业的销售员始终保持冷静、谦卑和完全能够胜任工

作的风范。没人想从一个在情绪、体能或金钱方面大起大落的家伙那里买东西。不管你是春风得意，这一周挣得比上个月都多，还是倒霉到极点，不知道下个客户在哪儿，没人会关心这些。除了你自己、你的顶头上司和你的爱人，没人知道你生活中遇到了什么麻烦。

除非客户极有同情心，否则他们不会去关心你今天、本周或这个月过得怎么样。在某些零售行业，他们甚至都不关心你叫什么名字。

这个星球上每个人都有直觉，他们每次都能感觉到那种微妙的东西。在这方面，有些人尤为敏感。某些人就是对你、你的产品或你的公司有糟糕的第六感，不想跟你做生意。

身为优秀的销售人员，你的目标是展现出积极、自信、镇定的风采，让你的潜在客户确信，他们跟你谈话是明智的……想要拥有你的产品的想法是明智的……今天作出决定是明智的——无论你的生活或工作中发生了什么事。

想起“明智”这个词的时候，你是不是有种安宁镇静的感觉？你就是要把这种感觉注入每一个和你接触的人心里。你要让他们感觉到，此刻他们作出购买决定是明智之举。如果你满心想的都是配偶刚打过来的电话，或者是还没完成的销售额，见完这一拨人之后你又该做什么，那么你永远也得不到这个结果。

我们来看个恰当的例子：看病。如果你有个好医生，你就会有这种印象——找他看病的时候，你就是世界上最重要的病人。你和他都明白，候诊室里都是要找他看病的人，但在这几分钟内，房间里只有你们两个，他的注意力全部放在你身上。他冷静地听你讲述症状。他或许会理解地点点头；他可能会记笔记，提问题。这让你感到自己很重要。

他不会因为渊博的医学知识而显得傲慢……相反，他看起来是个极佳的顾问，诚心诚意地想让你感觉好一点儿。你不会怀疑他今天是不是过得很糟、他的家庭是不是稳固、他的生意是不是很差。你永远也不会认为他心里装着什么别的事儿，会影响到他对你眼下病情的判断。这是因为他是一位训练有素、能够胜任工作的专业人士。

这正是你面对每一位客户时该有的态度。当你让他们感觉到自己很重要、帮助他们作出明智决定的时候，他们就会想要帮助你作为回报。希望这回报是给你推荐点生意，更好的是，继续从你这里购买产品。

请注意：当你作演示的时候，如果有个问题你不知道该怎么回答，不要跳过去不管，也不要乱编一气（死板的销售员很可能会这么做）。告诉客户，这个问题你需要去“核实一下”，然后给你的经理或另一个销售员打电话，确定答案。要让客户感觉到你希望给他一个精确的答案，这会让客户对你的能力更有信心。

如何面对表扬

一旦你在销售中取得了成功，别人就开始注意你了。当然，你的销售经理会夸奖你干得好。你也有可能引起高层管理人员的注意。说到自豪感和成就感，头衔醒目、公务繁忙的高管夸你“干得真漂亮”，这种感觉相当棒。其他销售员也会盯着你的一举一动。对于这些新产生的关注，你该如何应对呢？

面对更上一层楼的成就和随之而来的荣誉，销售员会有四种基本反应。有些销售人员生性特别谦虚，不愿引人注目。受到别人祝贺的时候，他们几乎没什么表示，或者干脆什么都不说，巴不得变成隐形人，不被别人看到。

谦虚固然不错，但未来你能取得多大的成就，要看你如何学着面对今日的成功。接受称赞和嘉奖，这超出了你的心理舒适区。但称赞和嘉奖是你在销售中必然会碰到的东西，如果你渴望在这个领域干出一番事业，你必须要学着面对它们。谦虚是好事，但你也别太谦虚了，以至于不允许自己接受应得的表扬和认可。顺其自然地对待新取得的成就，增强自信。毕竟，自信会增强你的能力，而能力又会促进销售。

逼着自己（如果非得这么做的话）往前走一步，优雅得体地接受认可。你可以看看别人是怎么接受嘉奖的，从中吸取经验——即使是看奥斯卡颁奖礼也行。

我们都见过演员、导演和编剧当着几百万观众的面上台出丑。你不想这样吧，是不是？你当然不想。因此，看看有谁在接受颁奖时的态度和举止让你觉得很舒服，让你很尊敬他们，仔细研究一下他们是怎么做到的，学习他们的仪态。如果非用不可的话，就照搬他们的答谢辞。但有一点要注意：千万别照搬自己公司同事的原话。要有点创意，哪怕是借用外人的话也行。

另一种销售员会接受表扬，但他会轻描淡写地对待荣誉，比方说：“我本可以做得更好。”或者是，“要不是……我本来可以打破纪录的。”这种人对成就太执著了，都不允许自己享受眼前的荣耀。如果你属于这类人，那么我告诉你：“停下来闻闻玫瑰花香吧。”如果你不肯后退一步，让自己享受一下出色销售业绩的狂喜，你会把自己过早地逼近高压状态，最终精疲力竭。现在，你要明白一个道理：如果你只有盯着未来才开心，那么你就会错失眼前的很多好事。

有目标是非常好的。我强烈建议你，在没实现眼前这个目标的时候，就把下一个目标牢记在心。但永远也别忘了给自己一些时间，接受并享受达成目标后的回报。如果你连享受成功的时间都没有，拼命追求目标还有什么意义？

我永远也不希望你变成第三种人，因为那只能带来不快和破坏。第三种销售员在取得成就、得到表扬之后，会变成自大狂。如果你开始自诩为销售之神，公司从来也没见过你这么牛的人，你觉得赞扬会持续下去吗？多半不会。艰难地签下一份订单，或是赢得竞标之后，得意一会儿是没问题的，但你别沉迷得太久。你想，如果你开始认为自己的销售能力实在太强，根本用不着再下工夫了，那么你很快就会发现，你真的再也不会努力了，那你就该“另谋高就”了。

第四种销售员是最理想的。我希望你能成为这种人。傲视群雄的时候，优雅地接受荣誉；感谢公司里所有帮助过你取得成绩的人；该把功劳给谁就给谁；乐于跟别人分享你的成功经验；如果某个新策略或新方法很有用，要乐于告诉给销售团队里的其他成员——但是，要等人家问了再说。

如果人家没问，而你却主动献上妙招儿，许多平庸的销售员心里会很别扭，觉得伤了自尊。他们不想接受你的帮助，因为这就等于主动承认他们不如你。没人愿意承认这一点，所以你要注意伸出援手的方式。你可以漫不经心地提起某个好想法，别弄得像是你开了个销售培训学校似的。销售团队里要是有特别认真的人，他会经常私下里向你请教的。能帮人家多少就帮人家多少，但是不要占用太多留给客户的时间。毕竟，你要是不出去好好地服务客户，你就无法留在冠军的位子上了。

要牢记，你在销售生涯中得到的任何嘉奖，都是因为你服务了别人的需求。此处的关键词是“服务”。多年来，我一直在告诉学生们，在销售生涯中，你的收入是服务客户的能力的直接反映。永远不要忘记这一点。别让你的自我意识膨胀得太厉害，妨害了你提供服务。我还记得，几年前有人给我发了一条信息，让我讲给学生们听。这句话被称做“销售员的祈祷词”，它是这么说的：“上帝啊，请保护我免受自高自大的侵害。”

你对客户的兴趣起码要跟你对自己的兴趣一样多。要是你的态度过于高傲，那你很快就会连一个客户都没有了。为了把自信心控制在合理的程度，你要经常想着这一点：客户是你服务的对象。

办公室里的大明星

要是你的销售业绩飞速上涨，那你还需要注意一点：对于你赢得的这些注意力，同事们会有什么想法？有人说，朋友可以忍受一切事情，除了你飞黄腾达。一千多年前，嫉妒心就被定为第四宗严重罪孽①。这种情绪很恶毒，亦是普遍的人性。要是你的朋友都无法适应你的成功，办公室里的那帮家伙又怎么会适应呢？

他们怎么面对你的成功，很大程度取决于你怎么面对他人的成功。仔细想想这句话。我知道这话听起来像是"黄金定律"，但是，如果在别人取得成功的时候，你能够以崇敬和尊重的心态去面对，那么，当你成功的时候，他们也很可能会用同样的态度来对待你。

要是别人不乐意看见你成功，他们会如何表现呢？这种表现是相当微妙的，因为他们不肯承认——甚至是对他们自己也不承认——他们不喜欢你，只是因为你比他们强。但你能感受到他们的不满、冷漠和妒忌。

当然，团队中较为成熟的成员会率先来恭喜你，并祝愿你继续取得成功。但不幸的是，职场里不可能全是成熟的、能干的人。世界上什么样的人都有，但理想的只有一种。对那些不够理想的人，你必须既能看清他们，又有办法对付他们。

不愿看到你成功、出名的人，你该拿他们怎么办呢？关键在

① 即宗教中所说的七宗罪。——译者注

于，你要摒弃这种想法——我一定要得到他们的认同不可。如果你很渴望得到周围人的认同，你必将变得和他们一样平庸。不知不觉中，为了不惹同事们生气，你会压抑自己的干劲儿，这就相当于跟他们走上了同一条路。对世上绝大多数销售员来说，这条路并不通向辉煌的成功。

你必须要作出选择。你愿意只为赢得同事们早上一声热情的招呼，而牺牲自己的未来吗？多半不会吧。对待这些人，最好的方法就是：像往常一样，继续保持积极而友善的态度。听到他们的讥讽或评论的时候，不要把情绪流露在脸上，微笑处之。这会扼杀他们打击别人的兴趣。最终，打击第一名会变得很没意思，他们会放弃的。

如果你不是第一名，与其与那些心态负面的人为伍，一同诋毁优秀的销售员，还不如密切地观察那些优秀的销售员，从他们身上学习，让自己也能达到同样的高度。

业绩骤降怎么办？

我们已经讨论过你取得惊人成功的情形，我们希望，凭借你从我们这里和其他途径学到的知识，绝大多数时候你都能这么顺利。现在我们来说说另一种情况。要是你的业绩非常糟糕，这该怎么办？第一步最好就是找个镜子，直视着自己的双眼，说："我的销售业绩很差，是因为我服务的客户不够多，或者是我对现有客户服务得不够好。"

对某些销售员来说，世上最难的事情就是对着镜子里的人承认自己的业绩很差。这就叫做负责任，是一种非常谦卑的体验（如果你不是一个谦卑的内向型销售员，感觉就会格外强烈）。

如果你使用了我早先提过的每日行动表，或者是其他能够“跟踪”行为与结果之间关联的方法，在业绩骤降之前，你早早就能发觉趋势，而且能采取预防行动，起码能减弱它的势头。如果你所在的行业整体遭遇低迷，对此你也不会太惊讶（如果你一直在认真读这本书的话）。再强调一遍，你应该能够看见警告信号，并且采取一些对客户和对自己的职业生涯都最有好处的行动。

最大的错误就是把骤降的销售业绩全部归咎于市场不景气，或是媒体的负面报道等。为什么？因为当你归咎于外部原因的时候，就等于在给自己找借口，逃避那些只有你才能解决的问题。这会把你推向消极的境地。你允许自己沉迷在自哀自怜的情绪中，或是一心只想着哪里做错了，却没有朝着积极的、良好的、正确的方向——也就是解决方案——努力。

把糟糕的业绩全部归咎于自己，这种错误同样严重——除非你们公司只有你一个人。市场会波动，竞争对手可能会设计出更好的产品或采用更新的技术，消费者不一定始终对你的品牌忠心耿耿。

如果市场整体出现下滑，就该在销售技巧上有所创新了。如果市场还不错，但你的业绩变差了，那么就应该回归销售的本源，把你的销售技巧提升到新的层次。

改变销售策略

当你需要有创意地思考并行动，以期得到新生意，或是从现有客户那里拿到更多订单的时候，保持积极的心态对你会有极大的帮助。我不是说你应该过度乐观，尽量忽略处境艰难的事实，相反，你应该去寻找事情的积极面。大自然中，一切事情都有两面性，有上就有下，有左就有右，有内就有外，不胜枚举。它们相辅相成、缺一不可。所以，如果你看到都是些消极的事情，这只能说明积极的事情也同时存在。

如果大客户的订单缩水了，或是下单的频率降低了，他们大概也遭遇了跟你同样的低迷。与其担心他们的下一张订单，还不如好好想想你该怎么帮助他们做得更好。身为一名专业的销售员，你在一个月内遇见的各色人等，比普通职员在一年里遇见的还多。想想看，为了在当前的市场挑战中存活下来，甲公司在做些什么，他们的做法是否值得乙公司借鉴？当然，绝对不要在对手公司间互通信息；但如果情况允许的话，你可以当个活的行动指南，为所有的客户提供帮助。他们不但会口头说谢谢，还会用后续的订单来答谢你。

如果最大的客户削减了开支，你用不着把全部时间都花在他们身上，可以多分点时间给小客户。他们会感谢你给予的额外关注，你会从他们那里拿到更多订单，得到新的利润。他们以前可能从没给你推荐过生意（当你没有提供“金牌服务”的时候），但现在却这样做了。

在你每周的日程表上留出些时间去开发新客户。你可以打电话、寄信、发电子邮件或传真。实施之前，先分析一下手上现有的客户情况。谁是你最理想的客户？什么样的订单最理想？或者，你主要服务家庭型的客户吗？如果是，那么绝大多数是年轻的小两口，刚开始买房子，准备要孩子，还是年纪稍长，需求比较多样？

一旦想清楚了理想客户是哪些人，你就可以找人介绍你结识这样的人，或者考虑加入某个能接触到这些人的社交团体（如果合适的话）。如果你还没开始参加社交活动，就在身边寻找机会。你会很惊讶地发现，有一大群人——能够支持你、为你推荐生意的人——就在离你不远的地方定期聚会呢，每月一次，甚至更加频繁。

回归销售的本源

如果只有你一个人遭遇了业绩骤降，那么就该做一做“春训”或是“季前训练”了。所有的职业运动员在每个赛季开始前都会这样做。为了有一个成功的全新销售赛季，你也需要这么干。

你不一定非得去别的地方不可，但是，如果能脱离日常的环境，把精力聚焦在销售的基本要素上，这会很有帮助。回想一下你初入销售这一行时的情景，那时候你每天做些什么？多半跟你处在巅峰期做的事情不一样。但是，那时候你学习产品知识，跟那些干得比你好的人交流，参加会议，去上培训课，给潜在客户打大量的电话，为接下来的业绩增长搭好平台。这些行动给你日后的成功打下了基础。你未必要回溯到那么久远（这要看你的业绩跌得有多厉害），但是，回顾一下过去的做法，在今天的日程表里加入几条，这是个好主意。

你应该把业绩的跌落看做是重建的机会。你学到的新技巧，以及克服一切业绩骤降的弹性心态，会对你日后的职业生涯大有裨益。

要点总结

- 你已经把销售变成了嗜好。你的注意力已经集中起来，随时准备接受能帮助你成功销售的新点子。
- 你知道了自己目前的销售风格，并且开始采取行动，把恰当比例的“内向”和“外向”调和起来，形成更理想的全新风格。
- 你正在学习顶尖销售员的素质和做法。
- 你的自我意识处于受控状态。无论成败，你都能优雅得体地面对。

第三章
周而复始的商业周期

Selling in Tough Times
Secrets to Selling When No One Is Buying

记不住历史的人必定会重复历史。

——乔治 · 桑塔亚纳（George Santayana），西班牙哲学家我不是经济领域的天才，但我有数十年的亲身经验。商业世界是有运行周期的。典型的商业周期有许多阶段。我观察到的几个阶段符合以下这个模式：

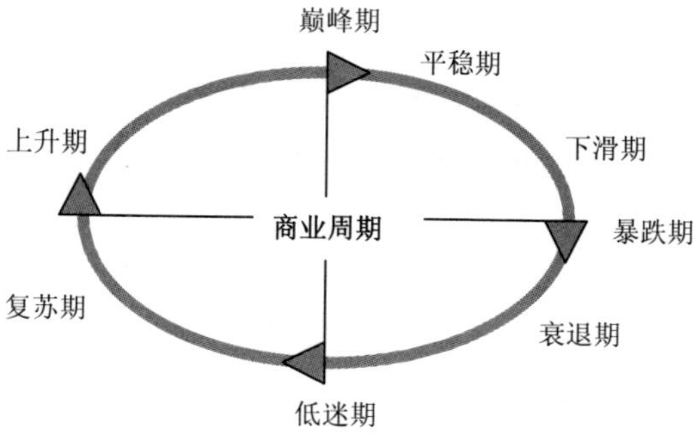

在每个阶段，只会发生三件事：(1) 越来越好；(2) 保持原状；(3) 变糟。

这并不高深。这是周期，是模式，是季节更替。商业是有季节的，就像人生，就像大自然。身为有志于在事业和人生中都取得成功的专业人士，我们需要领会其中的精髓，并且永远遵循童子军那句“随时作好准备”的箴言。越是死守一个即将结束（无论出于什么原因）的周期，我们就越难在下一个周期里取得成功。一般来说，死守着过去不放，是因为我们还没作好对未来的准备。在某些情况下，我们只是没去关注周围发生的变化。不能再这样下去了。

下面我们来仔细讨论一下这几个阶段，好让你在销售生涯中不断取得成功。

总体来说，我是个积极的人，所以我们从巅峰期说起。此时生意很好，失业率很低。在技术和医药领域，似乎每天都有新技术被研发出来，世界范围内的贸易也是健康有序的。

我听到过的最真实的一句话是“一切都会过去”。无论你是开心还是悲伤，无论生意是好是坏，都没关系，一切都会过去。要是领略不了其中的深意，我们就无法取得本来能够取得的成功。

我们是人，能吸收的新事物是有限度的。据说，一般人消化新点子的时间是72小时。既然每天有上百个（甚至上千个）新点子和新发现触手可及，那么我们终究得退后一步，好把它们全部消化吸收。此时，循环进入平稳期。

我这辈子见识到的绝大多数平稳期都没能持续太长时间，因为在人们意识到它的同时，总有些事情会发生。有人想出了新主意去推广旧产品，或是为旧产品找到了新市场。绝佳的例证就是汽车制造业。你知道吗？当汽车首次被推向大众市场的时候，只有一个颜色，那就是黑色。

以下是从网上的百科全书维基百科里摘录来的一段话：

亨利·福特（Henry Ford）曾有句名言：“顾客可以将汽车漆成任何想要的颜色，只要是黑的就行。”事实上，不同颜色的T型车曾在1908年至1914年间推出，后来，在1926年至1927年又面世了一次。人们总说，福特选择黑色车漆，是因为这种油漆比当时其他任何颜色的油漆干得都快，而快干的油漆能让他更快地制造汽车，因为他用不着花那么多时间等油漆变干。

T型车的各个部件共使用了三十多种不同的黑色漆。部件不同，涂刷方式也不一样，而这些油漆的成分正是针对各异的涂刷方式调配的。依据涂刷的部位、油漆的品种，以及晾干的方式，油漆干的时间并不一样。福特公司的技术文件中透露，之所以选择黑色，是因为它便宜又耐用。

你能想象吗，如果这种哲学一直持续下去，今天的生活会是什么样子？如果我们都把“便宜又耐用”当做选购标准，我们会是什么模样？人人都会开着黑色车子，穿着天然纤维和天然色彩的衣服。天然纤维也许是个好主意，但我怀疑有多少时装设计师（或是消费者）会喜欢把布料都做成天然颜色的。

如果你认识某位曾经历过20世纪30年代大萧条时期的人，你可能就会知道，他们是循环利用的鼻祖，因为他们只知道这么做。任何不够便宜耐用的东西都是铺张浪费。你总能发现旧东西有新用途。从那个贫瘠年代学到的某些经验是有价值的，但正像本章开头援引的那段话所说的，我们也在重复某些曾经犯过的错误。

平稳期过得太久，人们就会心里痒痒的，想要改变。在许多情况下，改变是个受欢迎的解脱手段。个人和企业购买的更多了，这导致市场红火起来。然而，有些企业在试图“挠痒痒”的时候，作出了糟糕的决策，生产出质量低劣的产品、过量的产品，或者是拜糟糕的市场调查所赐，生产出没人想要的产品。此时，商品供应非常充足了。

在变革的过程中，新的工作岗位产生了，人们投资设备以便生产，营销费用拨出来了，物流也已经就位。当仓库满满当当，却没有足够的需求时，这些行业进入了下一个阶段：下滑期。

> 人生的成功不在于抓了一手好牌，而在于把烂牌打得漂亮。
>
> ——丹尼斯·维特利（Denis Waitley）

到了下滑期，你应该后退一步，拿出刚才我们讲的那72小时，重新评估一下自己在经济形势中的地位。你的个人财务状况有多稳固？如果事情变糟，你所在的行业中会有一些人能够应付自如，你会是其中一员吗？如果不是，你的后备计划是什么？如果形势好转，你作好迎接更多生意的准备了吗？

请记住，销售即服务。如果形势好转起来，而你还没有作好服务更多客户的准备，那你自己可能就是业绩下滑的始作俑者了。如果形势没有好转，而你还没列好成本控制的清单，你就会破坏日后复苏的潜力。

下一个阶段是暴跌期。做销售的谁没遇见过暴跌期？肯定没几个人。我们在第二章中提及了业绩暴跌的事，这里我们来给它下个定义。暴跌就是生产力出现了突降，是你自己的生产力，还是公司的、行业的，这都无所谓。它会在你个人的收益表上体现出来。为了脱离暴跌期，有些事你可以亲自去做，并且向公司里的其他人建议。

第一，你要意识到自己处于暴跌期。这可能是最难的一步。面对令人不快的局面时——尤其是那些会对安全感（也就是金钱）产生负面影响的局面——否认是很常见的反应。当销售业绩急剧下滑的时候，坦白承认自己处于暴跌阶段吧。然后下定决心，采取有力行动，重新回到稳定期。

第二，找出业绩暴跌的原因。如果你保留着详细的记录，你很快就能发现，当前的暴跌是由于自身原因（工作没有以前那么积极了），还是由于外部原因。除非你能精确地找出是什么因素影响了你的销售业绩，否则你无法解决问题。

第三，制订迎战暴跌的计划。如果业绩突降是个人原因造成的，而且你发现自己不再去开发新客户了，你就从这里入手。或许你应该想些开发客户的新点子，比如通过网络，或是通过社交圈子寻找新客户。如果业绩骤降是因为你没有跟现在和以前的客户保持联络，那么解决起来很容易——不过你可能得把自尊心往后放一放，对某些客户坦白承认，你的确疏于发现他们的需求。如果你的产品质量不错，价格合理，绝大多数人会原谅你，并且会继续买你的产品——只要你别养成遗忘他们的习惯就行。

如果暴跌是由于公司外部的原因引起的，那么你要去和业内人士交流，多了解现状。深入分析一下，为了保住市场份额，你做了什么，或是没做什么。然后看看对手为了达到同样的目的正在做什么。这样一来，你该采取什么行动就会一目了然。

如果每个人都遭受了业绩下滑，你就得多点创意了。研究一下其他业绩稳定或表现出色的行业有没有值得借鉴的经验。

第四，就是采取行动。采取行动之前，不要花太多时间和精力去分析，免得事态进入下一个阶段（衰退期）。你要勤勉地寻找所需的信息，但是也要尽快采取行动，脱离暴跌期。

商业周期的下一个阶段就是衰退期。它指的是商业周期的收缩阶段，是经济行为的衰弱时期。

自1919年以来，我们已经出现了至少16次衰退，平均周期是13个月。别怕，尽管我们正在讨论不那么乐观的主题，但与此同时，我们也经历了三十多个扩张发展的循环。

有不少衰退对某些行业的影响比对其他行业更大。20世纪70年代出现了石油危机。汽油出现短缺，人们必须要排长队才能给汽车加上油，油价上涨了150%。

20世纪80年代初，高昂的贷款利率影响了房地产市场，以及和房地产相关的所有行业。同时遭受影响的还有钢材生产和汽车制造业。

20世纪90年代初，我们目睹了储蓄和贷款行业的崩塌。90年代晚期，不少人遭受了网络泡沫破灭的影响。

2000年初，许多美国人因经济泡沫而受惠。房地产市场一片繁荣，取得贷款比以往任何时候都容易，失业率很低，个人和企业的消费达到了不可思议的程度，股市连创新高。幸福的日子真的又回来了！

之后，因为这些好处，我们把那个泡沫吹得太大了，所以它就破了。循环开始变动，市场重新开始调整平衡，许多个人和公司站不稳了。

有趣的是，不少行业的周期都凑到了一块儿。房地产行业的周期大约是18年，其他一些行业大约是12年，还有一些行业的循环周期是10年，也有些缩短到了4年。

虽然我不是数学家，但就连我也能看得出，有不少行业几乎同时进入低谷。其他企业正常运转的时候，某些行业会受到政治形势的严重影响。况且，出现了一次没有现任总统参与的美国总统竞选，我们可以一直谈论着不确定性，直到大家争得面红耳赤。在这种时期，身为一名公众演讲人，我的工作重点是：告诉人们别再谈论那些负面的事情了，做点积极的事情吧。

> 一旦一个人确信某件事是真的（不管它是不是真的），他就会表现得好像它的确是真的。他开始下意识地搜集事实，以便支持这个信念，不管这些事情有多么荒谬。
>
> ——罗伯特·安东尼（Robert Anthony）

无论衰退的规模多大，持续时间多长，它总会为消费者和企业带来不确定感和恐惧感。但看了这本书之后，你就会知道，增长和扩张总会出现，以迎击所有那些过往的衰退。这很像一夜醒来后，发现窗外下了暴雪一样——我们终究要挖出一条路来，继续生活下去。

衰退。20世纪20年代初，美国的经济一片大好。我们从第一次世界大战的胜利和乐观情绪中走来，美国民众忙着贷款购买汽车和家居用品，享受着爵士乐时代和崭新的自由。不少人进入股市。可是，我们的新习惯和新做法没能持久。1929年10月，股票市场崩盘，触发了现代工业社会中最严重的经济崩溃。它从美国扩散到世界其他地方，持续了将近12年！银行倒闭了，生意结束了，超过1 500万美国人丢了工作。人们被迫养成了谨慎储蓄和节俭生活的习惯。在这次大萧条之前，政府极少或完全不会在商业下滑时期采取行动，全凭市场的力量来完成必要的经济调整。但这次萧条太严重了，无法快速恢复，所以政府出面干预，颁布了法规，开始公共建设，提供社会福利服务，实行赤字开支[①]，以便催生必需的经济复苏。

下面让我们进入复苏期吧。无论是在个人生活上还是事业上，进入复苏期，我们开始看到坏消息减少了，工资稳定起来，某些客户的订单金额增加，或是下单更加频繁，我们甚至会收到更多的招标邀请。然而，在这个时期，绝大多数人觉得有必要谨慎行事。这有点像大病初愈的人，感觉比以前好多了，但还没作好跑马拉松的准备。在恢复期，迈稳步子是明智的，企图扩张之前（或是弄来一大堆客户，让自己应接不暇——这要看你怎么看待扩

① 赤字开支，即靠借债而非税收来应付开支。——译者注

张），应该先为现有客户提供优秀的服务。

下一个时期，当然是每个人的最爱了——上升期。此时，人们自信满满，创意丰富。每个人都忙碌起来了，不光是金牌销售——他们一直都很忙！

如果只有你所在的行业遭受打击，该怎么办？

在20世纪60年代中期，产权式度假的概念在欧洲风行起来。1969年左右，这股风潮跨越海峡，吹到美国。到了1975年，美国有45个度假区，会员超过1万人。那些接受了这个概念、随即投资并享用它的人非常开心。然而，这个行业的某些推广活动，加上消费者和销售人员的贪婪，让事情变得丑陋起来。

客户答应去看房，只是为了拿到小礼物，从没真心想买房子。有些销售员非常不专业，发现客户不想买的时候，就试图用咄咄逼人的方式来销售。这个行业遭到媒体恶评，然而更糟糕的是，消费者的口碑变得很差。这个行业需要些助力来扭转颓势。助力确实来了。到了2007年1月1日，有440万户家庭拥有一处或多处美国分时度假酒店的产权。这在很大程度上要归功于行业本身，它提高了销售队伍的准入门槛。越来越多的专业培训课程被引进，行业也开始监督自身的行为。

在21世纪初的抵押贷款和房地产市场上，生意量多得连销售老手都做不过来。于是不少新手进入了这两个领域——很多人是为了赚到快钱。不幸的是，他们的技巧和经验配不上挣到手的收入。

有些案例中，我相信那些丢掉了抵押品赎回权的业主并没有真正理解自己在做什么。他们可能碰上了没有经验的房产中介或抵押贷款经纪人，而这些人没有给客户讲明白。也有可能他们运气不好，碰上了不够专业的、想占他们便宜的销售人员或公司。

即使这是个买方应当谨慎行事的世界，在签订任何合同之前，他们也应该对买卖有充分的认识和了解。但是，专业精神中应该包含强烈的个人责任感。每个在销售领域取得真正成功的人都有一个基本的信条：自己销售的产品和服务必须真的对顾客有好处。这个“好处”既指产品给客户带来的好处，也指这桩交易对客户财务的好处。

那么，从这些例子中我们学到了什么？我们越专业，行业低迷对我们的影响就越小。如果你真心地服务于客户的需求，提供质量信得过的产品，即使在艰难时期，你也能留住大量的客户。

请注意，一旦有关于你的公司或所在行业的负面新闻出现，哪怕你在客户中的信誉非常好，也要主动和他们沟通。最好亲自去见他们，其次是打电话，发电子邮件或信件是下策。你的话会抚平负面新闻造成的恐惧或忧虑，让客户知道你能控制局面，而且依然在为他们的最大利益操心。

在他们还没来找你的时候，你就先找到了他们，这会让他们更信任你的专业能力和敬业精神。提醒他们，你已经在这一行里做了很多年，而且打算长期做下去。你个人的承诺和热诚会有效地缓解客户的恐惧心理，并且留住他们。

面对艰难境况，你该怎么办？

第一件事就是保持积极的心态。我知道这不容易，但不这么做也没有任何益处。任由负面情绪控制自己，这是平庸的销售员做的事，但你并非平庸之辈！

状态很差的时候，你更容易寻找借口，不做那些能带来利润的重要事情。为什么？因为做这些事情可能会被人拒绝。如果你的状态已经很糟了，那么你应对拒绝的能力也会下降。换句话说，如果你任由士气低落下去，销售业绩就会减少。

有些人，只要你跟他们聊上五分钟，就觉得快乐情绪好像被他们吸干了似的。这种人每间办公室里都有。留心一下自己和这种人相处的时间有多长，缩短这个时间。如果可能的话，就完全不要跟这些人接触。积极的心态是宝贵的资产，遭遇困境的时候它尤为宝贵。

努力地使你能影响到的每一个人都保持积极的心态。请家人或室友找些好消息来分享。把积极向上的格言贴在屋子里，好让自己在准备开始工作的时候看得到。或许你对家庭以外发生的事情无能为力，但你肯定能给家里的气氛定个好调子。

大清早，家人会乱哄哄地纷纷出门。你要尽一切努力，减轻这种混乱。这种混乱局面对积极情绪的消耗，与销售被拒一样厉害。带着负面心态开始一天的工作吗？可别冒这个险。积极的态度能帮你节省时间。当你允许自己沉迷在低落情绪里的时候，受到影响的不仅仅是你的热情，你的效率也会降低。

我们前面已经讨论过了，当遇见你无法控制的事情时，应该作出回应，而不是作出反应。可是，遇见低迷时期，正确的回应是什么呢？你应该采取行动，把所有的恐惧和焦虑转化成干劲。你要去追逐有难度但能够实现的目标。就像《销售力》杂志（*Selling Power*）的出版人杰哈德·葛史汪德纳（Gerhard Gschwandtner）说的那样："恶劣的经济形势可能会掏空我们的口袋，但无法掏空我们的干劲。"

所以，我们要忙起来！这么多年来，我注意到一件事情：成功人士——那些领导公司、建造房产、发挥出最大人生潜力的人——花在工作上的时间不比庸常之人多。差别在于，成功人士的做事效率更高。

他们是怎么做到的？方法简单得惊人。事实上，它太简单了，以至于很多人不相信它会管用，甚至连试都不愿试。这么多年来，我把这个方法教给成千上万的学生。许多人告诉我，这种方法对他们非常管用，就像对我很管用一样。但是，他们依然不敢相信这种方法是如此简单。

这个方法的核心就是，不要企图做太多事情。有个事实已经得到了验证：如果人脑子里想的事情多于六件或七件，一般人就无法处理了。但是，我们一直在尽力这么做——直到学会了那个简单的方法为止：把事情写下来。可别看到这里就丢下书走人了啊，你可能会认为，我不过是在教你列出"待办事项"的清单。但这个方法比列清单深刻多了。

让清单保持简洁，意味着你挑选出了每天真正重要的事情。

毕竟，我们只拥有当下，对吗？把这些真正重要的事情写下来（或是存进电脑里）能够帮你总结细节，设想出任务已经完成的样子。

相信我，这个方法我已经用了好多年，它不仅帮我完成了更多工作，还减少了我花在忧虑上的时间。我得承认，我是个挺爱担忧的人。我跟这毛病斗争了好多年，现在依然在努力克服它。但我发现，比起以前，对于“完成重要工作”这回事，我的担忧已经少多了。我知道自己不会忘，因为它们就写在那儿，我每天都能看到。

这个简单方法的第二步，就是把这六条事项按照重要性排列好。我刚进入销售圈的时候，厄尔·南丁格尔（Earl Nightingale）是最受欢迎的公众演讲家之一。我听过他好多次讲演，有很多他的录音带。在他的录音带《带头追猎》（*Lead the Field*）里，他谈到了亲身使用这个方法的体会。曾有个朋友对南丁格尔先生说，他看上去似乎总是不慌不忙的，也不焦虑，那么他肯定是个特别有条理的人。南丁格尔先生回答说，焦虑是因为头脑里装了太多事情，他使用这个方法，脑子里只装一件事就行——手头正做的事情。这个方法让他专心致志，让他取得了旁人想都想不到的成功。每当他完成当天第一件事之后，就看看清单，然后开始做第二件事。

这个方法还有一个好处：如果你在每天结束前列好单子，那么你会睡得更安稳。潜意识会趁你睡着的时候，帮你作好第二天的准备。你很快就会发现，醒来的时候，你不仅因为一夜安眠而头脑清晰，而且还能想出好主意，用更好、更有效率的方法完成当天的工作。

初次使用这个方法的时候，你会觉得把任务缩减到六项很不容易。这很正常。练习一个星期左右，它就会变成你的习惯。

有件事情要提醒你：不要以为这个清单能帮你在八小时内完成十二小时的工作。你要清楚自己的能力有限。这么做的目标是让你每天过得流畅而有效率，而不是给自己安排过多任务，以至于都没时间过自己的生活了。

那么，单子上该写些什么呢？最重要的就是把你已经安排好的事情写下来。这包括跟客户开会、公司内部会议，还有个人约会，比如跟医生、牙医、伴侣或孩子。然后，根据我们前面提到的，你该写上“开发新客户”。即使现在是生意的巅峰期，你也应该至少把每天时间的5%（20~25分钟）用于寻找新客户。方法包括打电话、寄信、发电子邮件和请现有客户为你推荐生意。

接下来，我强烈建议你写下一种有助于增长知识的行为。更加深入地了解产品知识，阅读最新的行业信息，分析当今客户的需求趋势。结果会让你惊讶的。要是你想到了一个方法，能把大多数客户的订单量提升3%，这会对你的个人收益产生多大的影响啊。

每天要留出点时间锻炼身体。要是你想赢得出类拔萃的成绩，必须有个健康的身体才行。辛辛苦苦地挣到了很多钱，但身体却不允许你享受它，这是何苦呢？

这些建议能让你有个良好的开始。如果哪天你没安排跟客户见面（希望此事少之又少），就约上公司里比你干得出色的人，一起吃顿早餐或午餐，或是喝杯咖啡，汲取人家的经验吧。你也可以花点时间去网上找一找有效开发客户的新方法。如今的知识比以往任何时候都丰富，真的是唾手可得。

要点总结

- 你学会了辨认商业周期的各个阶段，能够发现自己这一行处于什么时期。
- 如果你所在的行业传出负面消息，你知道应该立即采取什么行动。
- 你学会了如何恰当地制订计划，让自己集中注意力，提高工作效率。

第四章

回归销售的本源

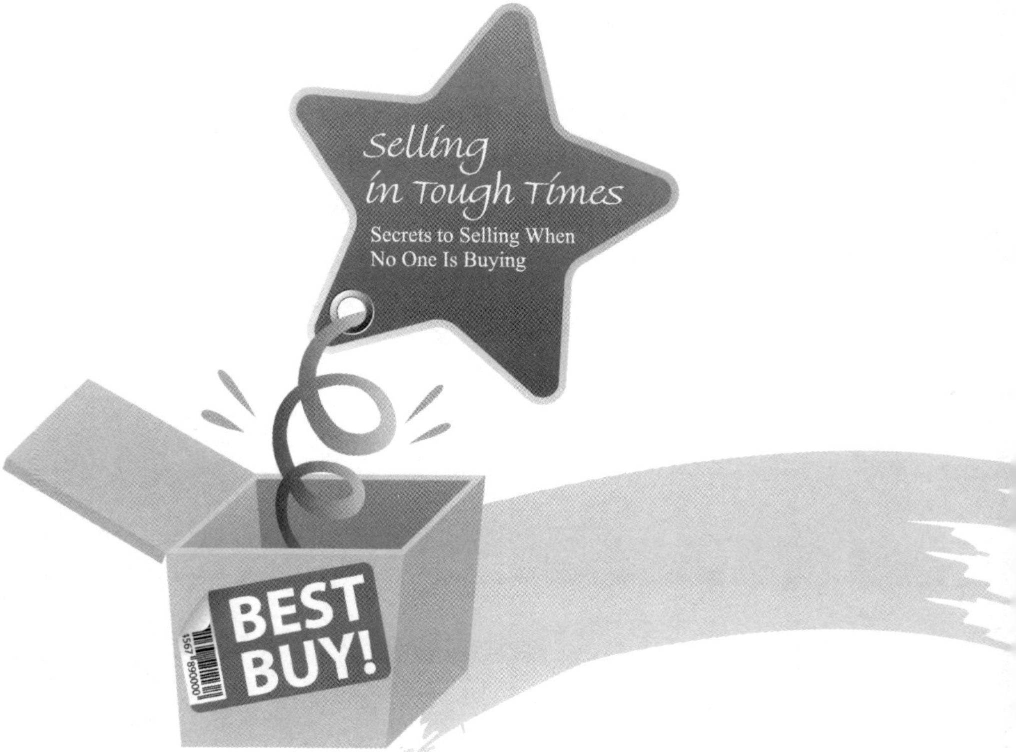
Selling
in Tough Times
Secrets to Selling When
No One Is Buying
BEST
BUY!

为了取得成功，你必须要知道自己在做什么、喜欢自己在做的事，并且真心相信它。

——威尔·罗杰斯（Will Rogers）

我爱极了威尔·罗杰斯[①]这句话。这句话就像他说的许多名言一样，有一种简约的美，它适用于人生中一切重要的事情。但现在，我们把它用在销售生涯中。

你对自己正在做的事情了解多少？你正在做的，就是服务他人的需求。面临逆境的时候，就是你该磨砺技巧的时候——这话简单得有点荒谬吧。你要是不信，就想想美国所有的职业运动员是怎么做的。新赛季开始之前，他们会磨炼技术。棒球有春训，全美橄榄球联盟有季前训练，大学篮球队有训练营。就连职业运动员都能从持续不断的训练中受益——在每个赛季开始之前，回归球技的本源。已故的伟大橄榄球教练文斯·隆巴迪（Vince Lombardi）在每个训练季开始的时候，开场白都是这句简单的话，“小子们，这玩意儿叫橄榄球。”然后，他带领队员回顾最基本的概念，讲解比赛是怎么回事。为什么要这么做？因为它管用！

尽管你能理解，你的工作就是服务他人的需求，但你的销售

① 威尔·罗杰斯，1879—1935，美国著名喜剧演员和幽默大师。——译者注

经理或公司高层人员却不一定这么认为。他们可能会告诉你，你的工作就是卖产品。没错，他们说的对，但你只能把产品卖给能够真正从中受益的个人或企业，从而服务他们的需求。

其余一切背道而驰的做法不但不会帮你取得成功，反而会危及你的职业生涯。客户不高兴，你谈不成别人推荐的生意，公司可能会很快帮你作出职业调整——让你另谋高就。因此，把产品卖给正确的人，这才是关键所在。

现在，让我问你一个问题：你喜欢自己所做的工作吗？如果你每天早上都不想起床，为不去拜访潜在的客户寻找借口（比如让自己忙得晕头转向），对遭到拒绝有种病态的恐惧，那么你可能入错行了。或者说，恕我斗胆猜一猜，你可能还没有进行过正确而完整的销售培训，没有意识到其中的乐趣和满足感。

这就是我毕生的事业：帮助像你这样的销售人才学习如何才能把这份工作做得出色——帮助他人获得符合需求的产品和服务。如果你尝试过本书所讲的策略，但依然不喜欢销售工作，那就换一个新行业去做吧。

接下来，你应该会毫不犹豫地说，你真心相信自己的产品。你所在的行业是不是像俗话说的，跟你是“天造地设的一对儿”？

比如，喜欢摆弄电脑的人销售起硬件和软件来往往特别得心应手；卖化妆品方面，女性往往比男性强；比起不够苗条的人，身材纤细、注重健康的人往往能成为更好的健身俱乐部销售代表。

你为什么要选择这个产品或服务？或者说它为什么选择了你？有些人特别擅长销售某种产品，部分原因是他们自己喜欢用，起码他们觉得这个行业很迷人。当他们有机会谈起自己选择的行业时，你能看见他们眼中的光彩。我当年刚入行的时候，对房地产业就是这种感觉——尽管我自己还没有房子。

在销售生涯的早期，我从事的是住宅房地产。这个领域里极少有三十岁以下的男性，女性就更少了。20世纪60年代，人们认为房地产行业是成熟男性的天下。毕竟，这一行关乎建筑和投资，在那个年代，男性是这一领域的主要驱动力。

由于我进入这一领域的时候还很年轻，有些潜在客户走进我工作的房地产公司的时候，会问我父亲在不在。我敢肯定，他们在想，“这小破孩儿能懂什么建筑和房地产投资？”

> 如果你比同事们年轻，就要格外注重自己的形象。如果你结婚了，就在办公室里摆一张你们两人的照片。要是你有孩子就更好了，你就可以把他们的笑脸也摆出来。
>
> 你获得的任何奖状和证书也应该摆在最显眼的位置。客户不一定会仔细看，但看见你有这些东西（必须是货真价实的，不能是假的），他们就会更加相信你的能力。
>
> 大家称做“名人照”的东西也是个不错的替代品。把你跟名人的合影摆出来，起码也得是跟公司老板的合影。

结果是，当我学会了如何正确进行销售时，我的业绩就很不错——因为我好好研究了一番，知道人们决定买房子时想要获得什么信息。我特别热爱帮助人们实现“拥有一个家、构筑家庭回忆”的梦想。

我那时候的一些女同事后来成了王牌销售员，因为她们自己本身就是持家者。她们不但懂得建筑方面的细节，能够让男性客户满意，而且还懂得如何充满感情地跟妻子们和小两口聊天，告诉他们什么能让一幢房子成为一个家，一个温馨舒适的地方，一个让我们觉得安全又踏实的地方。毕竟，这才是我们真正想要的，不是吗？

想想看：你在家里留下了最愉快的回忆，但你能记起多少建筑上的细节？当然，你可能记得大大的落地玻璃窗，或是高高的门廊，但肯定不是因为建筑的样式，而是因为那里发生过的事情……你在那里欣赏过优美的落雪，体验了自己的初吻。

销售是一个充满情感的行业。人们认为自己的抉择是理性的、符合逻辑的。但在现实中，占据优先地位的是情感，人们随后会用逻辑来武装这些决定，他们会给自己找理由。不管你的产品是什么，机器也好，人身保险也好，衣服或餐厅里的甜点也好，都会遵循这个规律。

人们头脑里的对话可能是这样的：

情感——我想在下次公司会议上穿得体些……专业、成功、充满自信。

理性——要想拥有这种形象，我得买套新西装。我应该能买到符合预算的衣服。

情感——哦，瞧瞧这件！料子真不错。我得试试看，哪怕它比预想的贵。

理性——我也要试试便宜的这件。

情感——我的确喜欢这件贵的。毫无疑问，我看上去真精神，感觉真好。

理性——这件好料子的应该比那件便宜的好，肯定更耐穿。我就买这件。

你可能不相信，当公司总裁决定盖新厂房的时候，心理活动也是一样的。从情感上说，他们想要在股东、董事会或其他人眼里显得有面子，但提高生产力、为公司省钱则是理性的部分。

你的销售有几个步骤？

经济形势一片大好的时候，客户可能会吵着要买你的产品。他们想买。你们双方都知道这一点，你很可能会省去专业销售步骤的几个环节，走捷径就把订单签下来，然后迅速去谈下一单生意。在那种时候，大多数客户都觉得无所谓。

在某些领域，比如金融或银行业，当个“捷径之王”很可能会让人们认为你是个投机分子，而不是以职业生涯和服务为导向。因此，你必须做那些对客户最有好处的事情。客户需求永远是第一位的！

经济形势低迷的时候，你需要作好准备，按照正确的顺序把销售过程的每一步都走一遍，而且你要有心理准备，客户会更加谨慎地作出购买决定。他们可能想买你的产品，也需要它，但他们害怕作出任何形式的金钱或时间承诺。你要拿出时间陪他们，帮助他们适应“拥有你的产品”的念头；在介绍产品的时候，你应该面面俱到，并且把产品能给他们带来的好处总结出来，用这些方式让他们安心。

经济不景气的时候，在人们坦白告诉你他们的需求、提供你所需的信息，好让你判断他们是否属于合格客户之前，你需要多花些时间跟他们建立友好关系。或许你需要磨炼这项技能：如果客户原先感兴趣的那种产品并不适合他们，你就需要引导他们购买另一种更实惠的产品。有时客户需要多花点时间作决定，所以你需要把成交技巧练得再娴熟一点儿。你应该知道如何应对他们的拖延、犹豫和恐惧。

归根结底，你需要知道如何运用正确销售周期中的全部七个步骤——无论经济形势和你的行业里发生了什么事。这七个步骤是：寻找新客户，初次接触，判断客户是否合格，产品展示，解决客户的顾虑，成交，获得高质量的引介生意（也就是得到推荐）。我在另一本书《如何掌握销售技巧》（*How to Master the Art of Selling*）中，对每个步骤都有详细的讲解。在这本书里，我们只谈那些最容易遭到低迷形势波及的步骤。

人们为什么从你这里购买？

我们继续探讨最基本的问题：人们为什么从你这儿购买——无论你身处什么行业。尽管你特别擅长晓之以理、动之以情，但他们为什么要把钱花在你这儿，而不去选择另外一个销售类似产品的人呢？是什么让你与众不同？

想要把销售做得成功，最基本的原则就是帮助人们喜欢你、信任你、想要听取你的建议。这正是我所有销售课程的基础。

即使你手里握着世上最炙手可热的珍宝，要价也低得不可思议，但如果客户不喜欢你、不信任你，他们还是不会听你的。如果他们不肯听你的，他们就不会购买你的产品。

人们为什么喜欢你？

这个问题的答案尽在戴尔·卡耐基的著作《人性的弱点：如何赢得朋友并影响他人》（*How to Win Friends and Influence People*）中。自1936年首次出版以来，这本书以及从中衍生出来的培训课程已经有力地影响了数百万人。今天仍然能买得到这本书，如果你还没看过这本书，我强烈建议你去读一读。

戴尔·卡耐基在书中主要讲了如何有效地与人沟通，如何让别人觉得自己很重要。作家兼演讲家约翰·麦克斯韦尔（John Maxwell）这样说："别人不会在意你知道多少，除非他们知道你有多在意他们。"

如何向别人表达你在意他们、关心他们的需求，其中的大量内容是无法言传的。比如，跟人握手的时候，力度要合适；和客户的眼神接触要得体。请记住，眼睛是心灵的窗户。如果你为客户服务的愿望不够诚挚，对产品的信心不足，你的眼神就会泄露秘密。

见客户的时候，要把心里想的事情都清空。这一点非常重要。你永远不应该让客户从你的举止中看出你有十个语音短信要回；要接孩子放学；晚上要跟财务顾问碰面，讨论你的投资收益。把全部精力放在眼前的客户身上，专心挖掘他们的需求，这能让你在他们所说的字里行间寻找言外之意，让你得体地跟他们沟通……所有这一切都会让你在他们眼中变得更可爱。说得再直接一点，你要把全部注意力都放在他们身上。

还有一件事要考虑：你自己的模样。你是没精打采，还是神采奕奕？你走路是慢悠悠的，还是很迅速？你是怎么摆放资料的，是一股脑儿地夹在腋下，还是整整齐齐地放在公文包里？那些神采奕奕、走路迅速、做事井井有条的人会被人视为能干的成功人士。有趣的是，事实往往还真是如此。如果你想知道自己在别人眼里是什么模样，随机问问能跟你实话实说的同事、朋友或家人。问问他们，你是否显得能力足够、自信满满。对于他们的建议，你要保持开放的心态，必要的话，可以作出一些改变。

和人打交道的时候，你会面带微笑吗？这有点像幼儿园里教的东西，可是，如果你和人们见面的时候面带微笑，而不是其他表情，人们就会更喜欢你。这是真的。拿出一两个星期，养成随时“照镜子”的习惯。在镜子中瞥见自己的时候，看看自己的表情。你看见的是一个乐呵呵的人呢，还是一个行色匆匆、忧虑满面的人？别对这个太执著，只需多加留心就行，有必要的话，就有意识地作出调整。

赢得别人喜爱的另一个方面就是友善的态度。想想你和好朋友们放松地待在一起时的情景。你直呼他们的名字，你逗他们笑，让他们感到和你相处很舒服。

我强烈建议你在跟客户交谈时直呼他们的名字。既然早期目标之一是让他们喜欢我们，那么我们就应该表现出大家已经是朋友的样子（但不要过于随便）。

如何建立信任？

与新客户刚刚建立联系的时候，他们不可能信任你。你应该有这个心理准备。你或许是世界上最值得信赖的人，同事和亲朋好友极为信任你，把命交给你都没问题，但你刚认识的准客户并不知道这一点。大多数情况下，潜在客户第一次听见你的名字，就是在你这个彻头彻尾的陌生人去拜访他们的时候，而且你还想凭借某种产品，从他们那里得到些什么。他们认为销售员不是来给予的，而是来索取的——拿走他们的金钱和时间，这是绝大多数人极为珍爱的两样东西。

希望别人对你的产品多加注意之前，你必须赢得他们对你、你的公司、品牌，甚至是你所在行业的信任。开始这个过程的最佳方法之一，就是“意向陈述”。这是我和帕特·利比（Pat Leiby）一起研究出来的。他和我合著了《现在就成交》（*Sell It Today, Sell It Now*）。帕特主要给产权式度假酒店行业作培训，在这一行里，绝大多数情况下你只有一次机会跟客户建立起足够的信任，帮助成交。想要打下信任的基础，意向陈述是一种非常有说服力，但也非常简单的方法。

意向陈述很像议程表，只不过它是口头说出来的。开头通常是这样的："我们这次见面的目的是……"或者"约翰和玛丽，如果二位不介意，我先解释一下产品展示的过程。"此时，你要让客户知道你打算说些什么。简言之，你相当于给了客户一幅地图，让他们知道在接下来的二十、六十或九十分钟内会发生什么事，而不是要求他们盲目地跟着你逛迷宫。

随后，如果你真的按照刚才说的去做，客户就会开始信任你，他们会相信你的话，甚至开始渐渐相信你传递给他们的信息。

为了让意向陈述更有说服力，你可以加进一条：允许客户说"不"。这正是他们想要干的事儿，也许在见你之前，他们就已经决定要说这个字了。大声把它说出来，奇迹就会出现，好像你溶解了墙砖之间的水泥似的——在销售会面中，这堵抗拒之墙是很常见的。

某些情况下，"可以说不"也会吸引他们的注意力。这就好比在他们还没机会见到产品之前，你就把它拿走了。这个小策略在这两方面都很管用：它能让人们放松下来，勾起他们的好奇心。

以下就是一个有效的意向陈述的例子：

> 库姆斯先生，感谢您抽时间见我。在咱们开始讨论您的需求之前，请让我先说几个要点。咱们这次见面是为了相互多了解一点，以便确定我们公司的产品是否能符合贵公司的需要。

首先我会给您说说我们的公司、业绩记录和经营理念。然后，我们来看看您的具体需求，免得在不相干的事情上浪费时间。这之后，如果我们都觉得合适，就来看一些您可能会考虑的产品和服务。

库姆斯先生，我是个销售员，帮助您这样的公司选择适合的产品和服务，这是我的职责所在。然而，我绝不会使用任何其他手段。我的经验证明，我们的产品并非适合每一个人。它们可能适合您，也可能不适合。对这个问题，只有您有决定的权力。我只有一个请求，就是请您保持开放的心态，在这次见面结束的时候告诉我，您觉得我们的产品是否符合您的需求。这个建议挺公平的，您觉得呢？

诚恳地把这个意向陈述说完，只需要一分钟。用我的词儿也行，你自己写也行，但要在下次见客户的时候，先把意向陈述说出来。这样，你很快就会发现，消除销售中对方的抗拒没有那么难了。

客户终于肯听了，但你该说些什么？

首先，你要从建立信誉入手。我已经提过，人们买的不只是你的产品或服务，他们"买"的也是你这个人。事实上，他们肯定要首先接纳你，他们得相信，你是个靠得住的人。毕竟，成交之后，为客户提供后续服务的多半也是你。如果他们现在就不喜欢你，那他们为什么要与你开展长期合作呢？

接下来，你应该跟客户分享一些你最满意的客户的小故事、信件或信息。令他们感到满意的是你行，你的产品也行。这是个含蓄的肯定自己的方法，不会有自夸的感觉。说你好的不是你自己，而是满意你的客户。

讲讲你公司的历史，为什么客户这么喜欢你们的品牌，你们服务了多少客户。这些都会给你的信誉加分。以专业的方式说出来，这也会让客户认为你是个能力非常强的人。

对于潜在的新客户，你应该告诉他们，对于能够代表你的公司，你感到相当骄傲。这是非常重要的。这会增强客户的信心，也要让他们知道你打算长远地在这家公司做下去。

你可以这样说："约翰，当时我有五家当地的分销机构可以去，但我选择了现在这家公司，这是因为它的产品质量非常好，售后服务也好。从我自己对这个领域的分析来看，我发现这家公司是最好的。能够代表这家公司，我感到很自豪。"

说完这段话，你已经在客户心里埋进了一颗种子——竞争对手可能不如你，但你并没有直接说出任何负面评论。永远不要诋毁对手。有些销售员为了树立起自己或公司的形象，喜欢贬低别人，即使是在黄金时代，这种人也永远不会取得真正的成功。

该让客户说话了

你已经说得够多了。下一步要让客户谈谈自己，说说需求，好让你们双方（希望如此）达成一致结论：本次拜访是双赢的。

对于绝大多数来参加我的培训课的销售员来说，这是他们最大的弱点。他们就是不知道该如何让潜在客户开口说话——说出足够多的需求，好让销售人员在合适的时机推出恰当的产品组合。

前面文中讲过，人们买东西时依靠情感作出购买决定，然后用理性为自己找理由。很多销售员过于强调产品的具体功能，也期待客户跟自己讨论这些具体问题，可绝大多数客户（除非你工作的领域是科研或制造业）更感兴趣的是产品给他们带来的好处，这就是情感因素。为了跟客户进行良好的沟通，你得会说“两种语言”才行，能在大脑中完成这两种语言的转换。

“两种语言”并不是说一定非得会说两国语言才行，比如英语和汉语，尽管这主意也不坏。我说的两种语言指的是：客户的语言，还有你公司或行业的语言。

每个行业都有行话。精通你所在行业的术语是非常重要的。然而，它只能在行业内部使用。如果你的客户跟你不是同行，但想使用你的产品，那么他们对你的行话肯定不熟悉。客户有自己的行话。此外，如果你要跟某个特定行业的客户做生意，比如医生，你最好学点他们的行话。这很容易做到，比如，阅读行业杂志和新闻杂志的医学版，或是看看相关网站。这些地方会有很多相关话题，跟客户聊天的时候你可以拿来做开场。客户会意识到你已经花了时间去了解他们，这会有助于建立他们对你的信心。

让人们开口说话，最主要的方法就是提问，但不是什么问题都可以问，你应该问信息收集型的问题。但是，如果某些问题涉及让客户不大自在的话题，有些人就会觉得你太过尖锐了。如果你需要收集的信息牵涉“私人问题”或“财务问题”，那你最好先说一句：“玛瑟夫人，我不是要打听您的私事，但我需要了解一些您病历上的细节，以便给您提供优质的服务。”你明明白白地告诉她，你知道这些私人问题可能会让她不太舒服，但这是为了她自己好。这不仅能表现出你的善解人意，也会大幅度减轻她的尴尬。

总结，总结，再总结

一旦你满意地发现了客户的需求，你需要确认一下他们是不是把所有的想法都告诉你了。你可以用“总结需求”来达到这个目的。“帕特森先生和夫人，下面让我来确认一下，我是不是清楚地了解了两位的情况。您刚才说的是……”

说出每个要点的时候——尤其是那些能证明你的产品特别符合他们需求的要点，你要留意他们的反应。如果你发现客户哪里不同意，就请他们确认一下。“我不能完全确定这么说是否正确。您能帮我确认一下吗？”

当你一一指出客户需求的时候，一个理想解决方案的画面就在他们脑海里渐渐成形了。如果你玩过画图猜字游戏，那种感觉是一样的。你能看见一幅清晰的画面，知道哪种选择对他们最好，但你现在需要帮助他们，让他们看见同样的画面。你的目标是，在产品演示步骤中，通过讲解产品信息，把解决方案的图景详尽地描绘出来，让他们得出与你相同的结论。

在作完产品演示、询问购买决定之前，你需要再作一次需求总结。这是销售中至关重要的一步。这一回，你的总结要描绘出客户能得到的一切好处（你首次总结中列出的所有需求都得到了满足）。

把这次总结想象成一场壮丽的焰火表演，而且是压轴的高潮部分。你已经看到了一些漂亮的零星焰火，或是几个小的组合表演，但是，它们在最后同时一起喷发的时候，那壮观绚丽的景象会留在你心中久久不散。产品演示之后的总结，就是要达到这个目的。

从一句“早上好，杰克逊先生”开始，你就已经开始为这个绚丽的压轴好戏——描绘出所有能直接命中客户需求的产品的好处——作准备了。专心而详细地描绘它，帮助杰克逊先生放下防备心理，作出购买决定。

无论市场形势是好是坏，如果你一直在遵循这些步骤，恭喜你。如果你发觉自己跳过了某些步骤，那就把它们加入你的销售过程吧。

客户准备好了，你该怎么做？

一旦你确信客户已经准备好，可以进行下一步了，你该怎么做？普通的销售员会直接跳到结果，要求客户签合同。不少情况下这是对的，但有些场合不行。如果你这一步做错了，就很难补救了，你很难再把客户的情感因素积累到足够的程度，让他们作出购买决定。

与其犹豫着不知道自己有没有做对，不如测试一下客户的态度。有个方法，销售新手和老手都能用，就是“试探”或“成交测试”。使用时机是在正式询问购买决定之前。这个问题能让你在要求签单之前先测试一下客户的感受，免得你遇上这种尴尬情景：要求成交的时候，客户却提出来一个新问题，让你功亏一篑。测试问题可以很简单：“约翰，到目前为止，你感觉如何？”然后你就静等他回答。这是个绝妙的机会，你可以停下嘴，休息一下，看看工作有没有真正做到位。

如果约翰的回答很积极，就说明到了签合同的时候了。如果对方流露出一丝犹豫，你就需要请他详细说明一下他的感受。这有助于减轻你的压力，很可能会帮你开创一个新局面，把销售过程继续进行下去，第二次尝试成交。

有些人会彻底被你说的话吸引，发现自己几乎同意你说出的每一句话。他们特别想作出购买决定，但却突然怯场。这一切对他们来说太快了，他们需要放慢步调。面对这种局面，你需要作好准备，以便轻松得体地处理好。问问他们有什么感受，或者他们是否明白你的现有客户为什么如此喜欢你的产品，这是保持购买热情的好方法。

此处谈到的策略能帮你把更多客户带入成交阶段。在第十章，我们会详细讨论适用于低迷时期的成交技巧。

要点总结

- 你理解了“销售即服务”的含义。
- 销售中有理性，也有感性。你会永远记住这两点。
- 你会用心做个讨人喜欢的人。
- 你意识到销售中走捷径不是个好方法。
- 你在练习意向陈述的技巧，并且应用到所有的销售中去。
- 你知道哪些问题能够最有效地试探出客户是否合格。
- 你以后会在销售中总结客户的需求和产品为他们带来的好处。
- 你知道了在正式要求签单之前“试探”或“成交测试”的重要性。

第五章

先留住现有客户

Selling
in Tough Times
Secrets to Selling When
No One Is Buying
BEST
BUY!

要想提高民众的忠诚度，就得放低身段，先拿出忠诚来。

——唐纳德 · T · 里甘（Donald T. Regan）

想要获得持久的成功，有一点至关重要：在现有客户群中建立起忠诚度。有一批忠诚的客户，最大的好处之一就是你可以得到某种剩余收益。你需要跟他们保持联络，但继续签订单已经不像第一次向他们销售时那么费劲了。

忠诚度的基础包括：为不同客户推荐适合的产品、提供卓越的服务和持久的跟进工作。这一章里我们会讲到许多种与客户保持联络、不断签订单的方法。

这话本来是说给商界和政界的领导人听的，但我觉得在销售中也相当适用。在销售中，比“提高”和“放低”更恰当的说法是，向客户付出了忠诚并提供了卓越的服务之后，你也会得到忠诚。这句话的含义包括，在形势不好的时候，你要为客户提供跟以前一样好的服务，哪怕他们的预算已经缩了水。这意味着，如果你发现客户的订单数额有了变化，就应该主动去接触他们，帮助他们想出办法来重振业务。即使你十分确定这次来电话肯定没好事，或是要跟你取消订单（由于客户境况艰难，不得不削减开支），你也要接客户的电话（务必要接）。

如果你之前给客户提供的服务特别优秀，那么当经济形势恶劣的时候，他们会削减其他服务水平不如你的供应商，但不一定会减掉你。对于真心喜欢并看重的供应商，人们是很难下狠心减掉的。

你的目的不仅是要和客户维持长期的合作关系，也要创造机会让他们购买追加产品。保持健康的客户关系和获得剩余收益的过程很相像。跟老客户合作比开发新客户容易。这不是说你可以把老客户放到一边不管，认定他们从此不会再跟别人合作了，世上没有这么肯定的事。

建立健康关系（无论是个人之间的，还是工作上的）的关键在于，你要给予对方需要并值得拥有的关注。如果你有孩子，你就会知道，在孩子们心里，“爱”就等于“时间”。他们听到你成天说“我爱你”，但他们真正感受到你的爱，是在你拿出时间陪伴他们的时候。当你坐在观众席上看他们在学校演戏的时候，当你在运动会上给他们加油的时候，当你带着他们去买东西或出去吃午饭的时候，而不是递点现金把他们打发走的时候，孩子们才会感受到你的爱。

孩子们不在意你挣多少钱，开什么牌子的车（直到他们长到十几岁，想跟你借车开为止）。你们共度的时间让他们对亲子关系有安全感。这种感觉就像是，如果世界上其他人都背叛了你，你知道该去找谁——找那个时常伴你左右的人。

如果你实在不能亲自陪伴他们，就打电话吧。你对孩子的关爱是很容易就能听出来的。再退一步，发一封电子邮件（特别是附有照片的）和贺卡（上面写着“送你这张贺卡没有别的目的，只是因为……”），这些都是保持联络的好方法。

记住上面这几段话，改变你在孩子和客户眼中的形象。或许你可以把“爱”换成“关心”。你可以去参加当地的运动会、商会组织的午餐会，或者是客户公司的开放参观日。重点在于，你要让客户明白你很关心他们，以至于愿意出现在他们出现的地方。

当然，你没必要把这件事做得像跟踪人家似的，但是，跟客户出现在同一个圈子会拉近你们的关系，这会建立起信任和忠诚。他们知道你理解他们，起码你肯付出大量时间，尽量去了解他们。

说到给客户打电话，最好在预先约好的时候打。那么，最好在什么时候约定下次通话的时间呢？在挂上这次电话之前。这很简单：“芭布，谢谢你给我时间，让我了解情况。我想一个月之后再给你打一次电话。20号的同一时间，行吗？你是否更愿在快下班的时候接我的电话？”

多久打一次电话，要看你做的是什么业务。如果芭布是每周下一次订单，那么你隔四周或六周打一次电话比较合适。如果她的公司每月下一次订单，你就每隔两个月或三个月打一次电话。重点在于，你要和客户保持足够密切的联系，免得当对方公司里发生巨变时，弄得你措手不及，也免得竞争对手把你的客户抢走——对手给了客户想要的关注（还有更低的价格）。

请注意：在你跟客户约定下次通电话的时间之前，永远要先问一句："今天还有什么我能为你做的吗？"这句话应该深深镌刻在你的潜意识里，以至于你发现自己晚上送孩子上床睡觉、早晨跟伴侣道再见的时候都在说。绝大多数情况下，客户想不起来还有什么事，但他们会感觉到，你在解决完所有问题之前是不会离开他们的。

如果客户是直接向你下单的（当面或电话订购都可以），每次接订单的时候，问几个简单问题，问一问他们在这种经济形势或行业困境中做得怎么样。如果订单系统是自动的，或者是通过网络下单的，那么你给客户的电话就更加重要了。网上下单或自动下单当然很便利，但客户是人，他们需要与人沟通，需要知道有人关心他们的生意。

进行一些与订单"无关"的联络也很重要。比如，我强烈建议你给客户寄感恩节卡片。但是，如果你一年才跟他们联络一次，那么他们的名字就不大可能出现在你明年的客户清单里了。他们肯定会被别人抢走。

关于跟客户保持联络，我的事业伙伴、营销高手丹·肯尼迪是这么说的：

> "我相信经济形势很糟，但我相信有些店家的跟进工作更糟。过去一年里，我从没接到一个销售人员或店主的联络电话——我刚去买车的车行、买房子的房地产公司、买衣服的服装店、以前经常去但最近半年没去的餐馆。可是我已经买了车子、房子、衣服，去了餐馆吃饭。我敢保证，这一大

群老板和销售员不会有任何负疚感，而糟糕的经济形势不过是糟糕的跟进工作的借口。”

如果你的客户是个人消费者，我建议你每年至少跟他们联络六次，以便建立客户忠诚度。关于这一点，我在第二章说到感谢信的重要性以及该发感谢信的诸多理由时提到过。

刚跟新客户签下订单的时候，问问他们喜欢什么联络方式，这个方法不错。许多人喜欢用电话沟通，有些人喜欢发电子邮件，还有些人喜欢时不时跟你见上一面。

如果你有新消息要跟客户分享，比如公司推出了新产品、新功能，或是其他对客户有利的新消息，别用同一种方式发给所有人，用他们喜欢的方式发给他们。这可能会多花点时间，与按个发送键就能把一封电邮密送给所有客户不同，但你这么做是值得的，因为你用客户喜欢的方式提供了服务。

你可以考虑一下，做个单页的文档模板，可以方便地把新消息附在电子邮件或信件里，可以发送传真，或是直接投递到客户的信箱里。你发给客户的文档和内容都是一样的，但投递的方式可以灵活运用。

应该给客户发送什么？

答案很简单：对客户有用的东西。比如行业信息、建议、提醒、通告、优惠券或小礼物。

请看例子：

- 经济形势不好的时候，财务顾问可以发一些忠告和建议，教客户在不同的人生阶段该怎么用钱，再附上一张对客户现状的分析。如果推出了风险比股票小的新产品，也应该告诉客户。（起码要发一些能引发客户兴趣的宣传资料。）
- 房地产中介可以为客户提供免费的房产估值服务，好让客户知道自己的房子现在值多少钱。尽管答案不是他们想看到的那种，但绝大多数客户是愿意正视问题的。
- 保险经纪人的明智之举是帮某些客户省钱，尽管这可能会缩小一些承保范围，但是为了维持他们的业务，还是应该这样做。或者，如果客户面临的风险很高，就应该扩大他们的承保范围，以便保护他们不会被别人占便宜。
- 服务行业可以推出优惠活动，在客户购买了三次、五次或十次服务以后，就可以以折扣价享受（甚至是免费获赠）另外一种服务。

有新信息分享的时候

如果推出了新产品或新服务，别急着给每个人打电话通报消息。你应该这么做：如果打电话合适的话，要先问问客户对你的产品和服务是否满意。然后这样说："我们特别重视您这种满意客户的意见。要是我们推出新服务，您想不想了解一下？”听出妙处了吗？如果他们想了解，就接着问个问题，而不是干巴巴地陈述一番：“我们发现不少客户没能按厂家建议，及时更换炉子上的滤网。到了您该换滤网的那一周，我们把滤网给您送到家，您觉得怎么样？”简言之，你把新的服务项目告诉了他们，但听上去不落俗套。你征求了他们的意见。这是个更为含蓄的方法，对满意的老客户很管用。你给他们创造了一个机会，让他们告诉你想不想要那项服务。如果他们想要，就卖给他们！如果他们不想要，就问问他们对什么服务感兴趣。没准儿你能给公司发现一个新的利润增长点呢！

水管工到客户家里维修的时候，可以主动提出检查一下水龙头出水口的滤网。如果可以的话，别把这项工作计入工时。除非出了问题，否则没多少人会去检查这个部件。对你来说这不过是举手之劳，但它说明你愿意给顾客提供额外服务。

你还能帮客户做点什么？最近我读到一个关于小药店的故事，它的生意比当地的大连锁店还红火。他们增加了一个简单的服务，却大幅提高了销售额。这家药店卖的药跟大型连锁店一样，甚至也有“免下车取药”的便利窗口。但不一样的是，他们有一位拿着对讲机的药剂部员工。店员会问在“免下车窗口”买药的客户是否也需要买阿司匹林、感冒药、暖身贴、绷带之类的东西。

想想吧，如果你的身体特别不舒服，医生给你开了抗生素或止痛药，虽然你需要这些额外的东西，但却懒得再进店买。当客户提到他们需要这些药品的时候，拿对讲机的店员就听见了。他会拿起小筐，提着这些药品去帮客户一同结账。这个想法一点儿也不高深，却把这家药店的销售额提升到了新高度。如果顾客买的东西太多，无法从窗口递出来，他们只需要开车到前门，店员会拿着东西在门口等着，然后放进车子里。

你的客户认为哪些服务（无论收费或免费）很有价值？

为顾客提供额外服务

如果没有别的事情可做了，你可以建个供应商信息库，并把客户需要但是你无法提供的服务项目收集起来，这样就可以给客户推荐可信的服务。如果你是个水管工，你应该记下某家质量不错的石膏板公司或某位油漆匠的名字和电话。房地产经纪人特别适合做这样的清单，比如，勤杂工、庭院设计师、水池清理公司，为那些买了二手房或需修缮房屋的客户提供方便。

大家应该都学一学《梦幻街奇缘》（*Miracle on 34th Street*）这部电影里的道理。梅西百货的圣诞老人告诉一个孩子，圣诞节的时候店里会有一种玩具。孩子的妈妈听到圣诞老人的话后非常失望，因为店里已经卖完了。圣诞老人告诉她，梅西的竞争对手金宝百货还有卖的。梅西的经理本想炒掉这位把顾客拱手让人的圣诞老人，但当他意识到圣诞老人的善良用意，看到提升的顾客忠诚度之后，故事的结局就改变了。你有没有发现客户有一些你无法解决的需求呢？如果可以，做个英雄吧，帮他们找个质量过硬的供应商。

如果你自己就是老板，或者供职的公司很小，你应该可以迅速地适应顾客的需求。要有创意、灵活、可靠。他们会把你视为团队的一员，而不是外部的资源。

如果你所在的行业遭到了负面新闻的冲击，你可以考虑一下，给顾客发一些自行编写整理的正面消息，包括公司的悠久历史、你的服务记录，以及你坚持到底的决心，甚至还可以加上几项你正在实施的行动，确保客户会得到持续的服务。

另一个方法是发送服务提醒。在这方面，汽车行业及其相关行业做得相当好。谁没收到过提醒更换机油、轮胎换位等额外服务的明信片或电子邮件呢？取暖和空调行业也可以这样做。你会如何运用这个方法？

如果你的公司正在扩张，新聘用了一批客服代表，那么你要把这件事告诉客户。把新来的客服代表的名字（如果合适的话，附上他们微笑的照片）告诉客户，再多写上一两句，说明他们的专长或职位。客户愿意知道有事该找谁，也愿意知道电话那头的人长什么样子。

保险行业经常会送一些小礼物，比如，最新的交通地图和日历。客户都已经习惯等着收礼物了，不仅因为这些东西很方便，也因为它们帮客户省了钱，免得他们自己花钱去买。想想看，你的客户会愿意收到什么礼物？然后，想一想你应该何时送、怎么送。把你的名字得体地放在上头，定期给他们送这些礼物，这会有效地帮你建立起客户忠诚度。相应地，这样做也会给你带来业务推荐。

说到业务推荐，你有这方面的优惠项目吗？不少公司会向推荐人赠送积分，可以用来抵扣购物款。给你介绍新生意的忠诚客户可以攒下一大堆积分，下次购买产品的时候能便宜不少钱。有些人为了节省25美元、50美元或100美元，会给你送来上千美元的生意。如果他们在你这里有了积分，为什么还要在别人那里买东西呢？这就是用心培养客户忠诚度的价值。

如何面对被你冷落的客户

在理想世界中，我们会把事情做得井然有序，该做的全部都做到，从不冷落一个客户。但我们是人，总有这样或那样的事情发生。我们会发现，有那么一两个客户没有享受到最佳的服务。我希望这种事情不常有（或是在你运用了本章学到的方法之后就没有了）。但我们在前几章中已经知道，销售最重要的就是责任感。你的报酬是以客户满意度为基础的，如果你对报酬不满意，很可能是因为某些客户对你提供的服务不满意。

尽管这很需要勇气，但面对被你冷落的客户，最佳的联络方法就是你首次跟他们签单时用过的那个。如果当时你们是面谈的，你就亲自去拜访客户。如果第一次是打电话成交的，你就给他们打电话。

不难预料，受了冷落的客户会有各种各样的反应：从无所谓到冷眼对你，再到明显反感。无论他们怎样对待你，都是你应该得的。然而，你一旦确定留住这个客户比挨批或让他们威胁要离开你更重要，这件事也就没那么难办了。

第一步是承认你对他们提供的服务不够，不要为自己辩解。“乔普林太太，我知道，我没能给您提供最优质的服务。希望您能接受我诚心诚意的道歉，允许我继续为您提供灭虫服务。”你或许会发现，他们已经转投另一家供应商了。如果是这样，你就必须更加努力地工作，重新赢得业务。

如果客户真的不在意，他们会告诉你，随后你就可以开始讨论他们公司遇到了什么事——留心其中的线索，看你该如何用更好的产品或服务帮助他们。

如果客户冷脸对你，让你很难再次争取到他们的信任，你就必须要放下身段，慢慢地赢回他们的心。一旦信任被破坏了，重建起来是很难的。但是，如果双方都愿意的话，还是可以做到的。你可以用一个比往常小的订单开始。“我知道，您现在对我不太满意。可是，我希望您考虑一下，只下一个小的订单，允许我有机会给您提供您应得的服务。”给予客户额外的关心，提供恰当的跟进服务，你很快就能发现，你再度赢得了他们的业务和全部信任。

如果你的服务不到位，惹得客户十分生气，而且冲你发脾气，你要看到光明的一面。他们仍然在跟你沟通——哪怕用的词你不爱听。既然你知道自己活该，那就让他们发泄吧，他们最终会冷静下来的。让客户说说他们希望得到什么样的服务。一旦你们开始了积极的话题，讨论起你将来该如何为他们服务，你就会发现，你留住了客户。如果他们真心喜欢你的产品和服务，你或许只需要道个歉，承诺以后会做得更好就行了。你最好能够说得很具体。“我会亲自把您第一次订的产品送过来，然后帮您的员工做好确认工作。然后，我会跟您和公司联络人都保持联络，跟进产品的使用情况。如果您对产品或我有任何问题，请您马上告诉我，这样我就可以立即处理了。之后，我会每月跟您联络一次。请您告诉我，您希望我用什么方式联络您？在什么时间找您？我现在就记到本子上。”事先做好练习，要诚挚地把这番话说出来。你最好诚心诚意地说，如果你说得太快，感觉像是你担心或害怕失去这个客户似的。永远不要带着恐惧做事情。

如果客户觉得产品有问题，而你没理人家，那就是另一回事了。如果你把客户冷落得时间太长，他们肯定会转投到你的对手那里，而且会破坏你（很可能还有你的公司）的声誉。定期跟客户保持联络就能预防这种情况出现。

如果你跟某人关系很熟的话，是很容易建立起忠诚度的。想想你自己的购买经历。你是不是固定去某家干洗店或杂货店？只是因为他们很方便吗？你有没有比较过几家店的服务，找出哪家做得更好？

我们都是有习惯的生物，除非对现状不满，否则不愿经常作出调整，但你最初的习惯是怎么形成的呢？

比如，多年来我一直去同一家干洗店。每天进城的路上，我都能经过三四家服务水准相当的，甚至更加方便的干洗店，但我根本不会去看第二眼。我对现在的干洗店忠心耿耿。为什么？他们的店员总是面带微笑地招待我。其中不少人已经在那里工作了很多年，知道我的名字。他们的工作干得很好，我的衣服总是能按时洗干净。有那么几次，当我需要加急或小缝小补的时候，他们还为我提供这些额外的服务。所有的东西都归结成这一句：他们让我觉得，跟他们做生意的感觉很不错。你的客户也这么评价你吗？如果是，祝贺你！你肯定会成功的。如果没有，那你还需要下点工夫。

别让机器接电话

说到现在，我们讨论的大多是你主动打电话给客户的情况。但是，如果客户打电话来找你呢？他们可能有了很急的需求，等不及你下次拜访了，所以主动打电话过来找你。此时你该做些什么才能让他们感觉很好呢？叫我老古董好了，但我极力坚持，上班时间应该有个大活人去接公司的电话。我们本可以像大量公司若干年前做的那样，改用自动电话系统。相信我，我同意那些电话量极多的公司确实应该用语音系统，但我觉得小规模的公司不应该。外人跟我的公司打交道时，第一个遇见的人就是前台接待员。我深信，请一位高素质的前台接待员，公司得到的收益会比付出去的薪水高得多。

如果客户打进电话来，只能听见一个预先录好的声音，指导他如何获得想要的信息，这样的公司还奢谈什么建立顾客忠诚度，这令我无法理解。人们得按多少个键才能得到答案？如果客户有个本来很快就能解答的问题，他们得过多少关才能得到答案？你会引导他们去找公司网站的FAQ（常见问题解答）页面吗？我明白，这种页面的用意是回答人们最常问的问题，但为什么要让客户去寻找答案呢？要是客户看不懂那些答案怎么办？你有个现代的、便利的、叫做电话的东西，为什么还要让客户费劲去找呢？

当今的很多科技手段是挺好的，但我担心有些公司被“省时省力”吸引，却没有分析过这个风险：由于不够人性化，公司很可能会丢掉生意。如果你们公司的每个员工都能立即回答我的问题，我为什么还要花上十分钟或更长的时间去你们网站上找答案呢？对于那个让我去按1、2、3、4的声音，我有多少忠诚度呢？一点儿也没有。对你的老客户来说，这个系统可能很便利，省时间，但对于想跟你做生意的新客户来说，它有可能是个拦路虎。

你可以算一笔账：留下来的客户（而且高高兴兴的）会为你带来多大价值。请个非常礼貌的人接电话，立即告诉客户该怎么办，这又会花多少钱。比比看吧。

客户忠诚度建设运动

如果你想寻找建设客户忠诚度的好点子，可以去学习在这方面做得好的公司。你对哪些公司忠心不二？就从他们开始。他们做了什么超出你期望的事情？他们是怎么给你提供信息的？多长时间一次？

有些公司在留住客户（也就是建设忠诚度）方面做得特别好，比如L.L.Bean，Omaha Steaks，Harry & David，西尔斯百货（Sears），还有一些保险公司，比如State Farm，Nationwide和Aflac。请注意，我不是说没有提到的公司就做得差。在我能想到的声誉好的公司中，这些不过是其中的一小部分。

我们还会忠于某种品牌。你总是买固定牌子的花生黄油吗？是因为你喜欢它的味道，因为它经济实惠，还是因为妈妈总是买它？你开同一个品牌的汽车，是因为爸爸经常开的就是这种车，你对它很熟悉吗？你的忠诚度来自哪里？分析一下自己对商品的忠诚度，这会帮你想到建设客户忠诚度的好方法。

如果你仍然不确定什么办法会建立起客户忠诚度，就让客户一起来想主意吧。不少公司会对老客户进行调查，找出什么因素会激励这些客户继续跟自己合作。调查是个不错的方法。你可以问些简单的问题，比如“我们做得怎么样？”或是问一些关于具体订单和日后可能会推出的追加产品的问题。在新品推出之前测试一下市场反应，这是个很好的方法。

调查有个好处——特别是用线上工具调查——你可以直接得到数据分析报告，比如饼图和其他形式的分析。最好把调查弄得简短些，六到十个问题就够了。经济形势不好的时候，人们不愿花费太多时间为你做事情，你也不该让人家这样做。

请注意，如果你想作调查，给回复你的客户送个小礼物，你得到的回应会更多。这个小礼物可以是在网上就能得到的，也可以是具体实物，等调查结果一出来就寄给客户。只要确保这个礼物对客户真的有价值就行了。

恰当地设计问题，你可以得到很多有用的答案：他们的业务现状如何；在未来18~24个月内，这种严峻的形势对他们会有什么影响；想安全熬过风暴，或是继续站在巅峰，他们有什么计划；他们是准备缩小规模、减少订购量，还是保持现状。

如果通过网上作调查，你要留心问题的设计，因为它们可能不够人性化。如果你所在的公司不大，客户量小，你最好亲自去作这个调查。虽然你拿不到软件生成的分析报告，但你能得到更好的答案。如果你是通过电话作调查的，我建议你把问题缩减到两三个，并且告诉客户“我有三个简单问题想问您”。永远都要让客户知道，你珍惜他们的时间。

如果行业和产品允许，你可以邀请一小群没有竞争关系的客户过来吃顿午饭，然后开个圆桌讨论会，探讨一下经济形势变化，或者你的产品怎样才能更好地满足他们的需求。我的很多学生发现这是个极好的资源，而且还有一个连带的好处：客户之间形成了一个社交网。而谁是搭建网络的英雄呢？销售人员。这是三方共赢的好事。

服务他人的需求是一项荣耀。你要认真看待这个问题。你要永远记住，别家供应商正企图把客户从你手中抢走，就像你抢他们的客户一样。感谢你的客户，好好对待他们，他们会一直对你和你的公司忠心耿耿的。

要点总结

- 你理解到，忠诚度是随着时间积累的，需要你不断地关注客户。
- 每次跟客户开会的时候，用这句话收尾："今天还有什么我能为您做的吗？"
- 构建客户忠诚度有各种方法，如打电话、发电子邮件、寄信等。
- 你学会了如何接近被冷落的客户，重新赢得他们的信任和订单。
- 你开始研究其他拥有忠诚客户的公司的经验，并且借鉴他们的某些策略，应用到自己的工作中。

第六章

如何获得高质量的引荐

商业世界中，不明智的人从别人那里拿走的比贡献的多。他们没有意识到，这违背了自然法则，这法则终究会令他们的付出与回报相等。形式未必体现在金钱上，但他们会失去人心，而这正是他们未来生意的基础。

——沃尔特·拉塞尔（Walter Russell）

越是在经济形势艰难的时候，越是你需要用新视角去看待长久以来一直存在的事情。这句话是什么意思？你已经知道了，你需要尽可能多地留住客户，所以你希望对每个客户都能“另眼相看”。回顾一下你和他们的交往历史，看看他们目前的交易状态。看看他们的订购模式有什么变化，这能帮你想出主意，更好地为他们服务。试着从他们的角度去看事情吧。

如果你的产品是给整个公司使用的，比如软件、打印机、复印机，你可以申请去客户的办公室待上一天。寸步不离地跟着最常使用这些产品的人，你会发现帮助他们的新方法。你的联系人可能是会计部门的萨莉，但人力资源部的卡萝也在使用相同的软件。她只需一点点额外的培训，这个软件就能帮上她大忙。但是，除非你有机会看到卡萝使用软件的情况，否则你是想不到这一点的。卡萝或许认识几个其他公司的人力资源总监，可以介绍给你认识——特别是在她发现了你的软件还有诸多好处之后。

分析一下每个客户的购买记录。有没有更为经济实惠的替换产品，让他们可以订购同等的数量，却能省下一笔钱来？或者说，如果他们的订购数量一向不高，有没有可能这回尝试一下质量更好的产品，但花的钱数不变？除非你开口问，不然你就不会知道，是不是？

很有可能，你的客户有一阵子没留意过购买记录了，而你的分析能够触发某些变革。当然，这么做肯定会有减少购买量的风险，但你是个专业的销售员，你不会把分析递过去，然后让他们自行得出结论的。在你的分析中，你会建议他们尝试一下质量更好的产品（利润空间更大），或是在现有订单中加入几样新产品。

拓展一下思路，除了提供产品之外，你能如何服务他们的需求呢？你所在的行业或另一个客户所在的行业中有什么经验值得全体客户借鉴吗？当然，你绝不能分享竞争机密和信息。但是，如果约翰的汽配店通过邮寄明信片促销，效果很不错，那么把这一招告诉萨莉的床上用品店也没问题。

但愿你在回顾销售笔记时，能够回想起跟客户的谈话场景。你在大堂等着开会的时候，好像有人提到了你们的对手公司，说起了那家公司的某个客户，是不是？你去拜访采购人员的时候遇上了什么事？那时候你们似乎提起了某些话题，让你现在很想知道这位客户还认识哪些人。

尽管你第一次销售产品给比尔和苏夫妇的时候，他俩已经给你推荐了不少生意，但是，如果他们跟大多数客户一样，他们每天都能遇到新的朋友，你有没有跟他们保持联络，给他们提供高质量的服务呢？你跟他们聊天吗？只是说说他们生活中的事情，还是你始终只会谈业务话题？谁知道呢，他们可能参加了一个新的健身俱乐部或社交圈子，认识了一大堆新朋友，而你可以通过他们去结识这些人。你有没有持续地请他们给你作个“高质量的引荐”，介绍你认识潜在客户呢？

“高质量的引荐”，多年来我一直在课堂上给学生讲这个名词。它的意思就是，请现有客户把你推荐给他们的亲朋好友和工作中的熟人。但是，不是拿到这些人的名字和联络方式就万事大吉了，你应该请求客户亲自把你介绍给他们，这样一来，你们会面的“舞台”就完全不一样了。人们对你的印象会与众不同，在销售中，“与众不同”可是件好事。

举个例子。想象你自己正在参加一个派对。你正跟老熟人凯西聊你们的业务。她冲着一位经过的女士点点头，说，“玛莎对这事也有兴趣。她在××公司工作。他们公司也用你们这种产品。”你这就遇见了一个推荐生意的机会。你可以直接走到玛莎面前，自我介绍一番，说，“嗨，我叫凯文。刚才我在跟凯西聊天，她告诉我……”然后开始跟玛莎交流。

如果请凯西跟你一起走到玛莎面前去，让凯西介绍你们认识会怎样呢？她认识玛莎，玛莎对她的提防心理肯定比对你弱——你是个彻头彻尾的陌生人，只是顶着凯西的名字罢了。但凯西是个理想的中间人，她跟玛莎关系不错，跟你也很熟，介绍你们认识不过是举手之劳。“嗨，玛莎，见到你真好。刚才我正跟凯文聊天，他提到他们公司做的是××产品，我知道你对这个很熟，所以我觉得应该介绍你俩认识一下。玛莎，这是凯文·帕金斯。凯文，这是玛莎·泰勒。”你从这里继续就行了。

通过电话也一样。当你跟迈克谈起某个业务话题时，他说最近他碰到了卡尔，卡尔也在用类似的产品。那你就尽可能多地了解卡尔的相关信息，然后问迈克是否愿意介绍你们两个认识一下。如果迈克是个满意的客户，他会很乐意这么做的。他只需要给卡尔打个简短的电话，说是他让你去找卡尔的，别的什么都不用说了。

迈克用不着把你的产品卖给卡尔。事实上，你希望迈克不要谈太多产品或服务的事情……他只需告诉卡尔你有多棒就行了。迈克永远用不着去大力宣扬你的产品。他最多说说这种产品很好用、对公司很有好处、提升了他的业务等，这就行了。销售产品是你的工作。如果他愿意帮你的话，他的“工作”只是通过高质量的引荐，帮你推开机会的大门。

高质量的引荐是不是比你单枪匹马拓展人脉要强得多？你会惊讶地发现，世上有很多像凯西和迈克这样的人，在你开口问之前，他们都没意识到自己认识那么多人，而且他们非常乐意帮你引荐。这让他们感觉很好。当凯西介绍了两个人认识，而且效果不错的时候，她的声誉也会越来越好，会有更多的人想要结识她。这是机会的正向循环。

采购员罗伯特升职之后，他很可能会认识很多其他部门或其他分公司的人。切记要和他保持联络，但不要多过你跟他的继任者——现在负责向你采购的那个人——联系的次数。你一定不想让新来的采购员认为你在越级行事吧。但是，你也不能让过去跟罗伯特的良好关系断掉。

你现在明白这有多重要了吧。万一约翰和玛丽在××集团工作，而他们接触的都是和他们差不多的人，也需要你的产品呢？如果你自从拿到约翰和玛丽的订单以来，一直很好地满足了他们的需求，他们就很可能愿意向别人推荐你。你只需要开口提出来。

请记住我们在前一章学到的内容，记得在提要求之前要先给予。给客户卓越的服务，给客户一个可能对他们有好处的点子。给客户有用的信息，给客户作些高质量的引荐。

你要牢记，你可以帮客户作高质量的引荐。就像前面的例子，你自己可以是“凯西”。如果你能以自己为中心建立起一个圈子——因为你在不停地结识新朋友——通过介绍他们彼此认识来帮助他们，你就会发现这种“服务”的强大力量，它带给你的生意会让你忙不过来——在任何经济形势下都是。

这就好比是你跻身了好莱坞派对的一级名单，你进出的是最高级的圈子，你结交“对”的人，大家都从中受益。圈子里的人都认识你、喜欢你、信任你。因此，当你作出高质量的引荐时，他们会严肃看待，新认识的人们会相当尊重地对待对方，这让每一个人都能更快、更好地建立起新的人际关系。这是三方共赢的局面，而你创造了它！

公司停业或缩减规模，你该怎么办？

如果整个行业或整个经济环境出了问题，事态肯定会发生变化，个人和公司必须要适应形势。太多人害怕改变，因为他们只看到了消极的一面。希望你不是这样。这话听起来像陈词滥调，但我们必须勇敢地迎接变化。变化是提升的唯一方法。引用一句已故的伟大激励演说家厄尔·南丁格尔的话，“业务上，如果你没有前进，你就是在发出灭亡的第一个信号。个人生活中也是如此。”

“前进”就包含着变化。是的，如果我们被迫接受变化，或者被它出其不意地袭击了，这并不好玩，但是，如果你是真正的专业人士，这种情况只会偶尔出现。如果你已经把从这本书里读到的东西牢记在心，你肯定是站在前排、迎接变化浪潮的人们中的一员。你看着浪潮涌过地平线，而你会占据一个合适的位置，驾驭着浪潮，安全上岸。

厄尔·南丁格尔在那部极棒的录音带《带头追猎》里说，我们终究都是“个人公司”的总裁，我们最首要的工作就是每年提高这家公司的市值。为了做到这一点，我们需要不断地作出改变，不断成长。

我强烈建议你，不但要阅读并应用本书所讲的内容，更要不停地阅读、听有声书（比如《带头追猎》）、参加研讨会或在线会议，或者去上培训课——尤其是那些提升沟通技巧的——稳步地提高你的工作效率。如果一次演讲或一本书能给你一个好主意，帮你跟客户建立起良好的关系，那么你花费的时间和金钱就相当值了。

不幸的是，总有少数几家公司出于这样或那样的原因，运营出现了问题。他们的开销可能很大，或是丢失了一个大客户，而这个客户的订单占据了公司营业额的大部分。他们所在的行业可能遭受了冲击，但他们还没有作好适应的准备。

如今，产品开发的速度实在是太快了，现有的商品过气得如此之快，简直令人头昏脑涨。没作好准备的销售人员以为这种事情永远不会发生在自己身上，但竞争对手会让他们大惊失色，不得不重新开始。如果你经营的产品属于新潮货色，你很容易就会看到变化迅速向你袭来——肯定会来的。在需求更加稳固、增长稳定的行业，变化的步调可能会慢一些。

不管变化以怎样的面貌出现，它肯定会来。希望你所在的公司没有关门歇业。如果是这样，你需要评估一下自己的处境，以及你在这个领域或团体内的声誉。如果你一向是个好人，有良好的销售记录，存活下来的公司很可能会把你招至麾下。聪明的幸存者敢于把任务交给没那么“成功”的人，这正是他们幸存下来的原因。

寻找新工作的时候，不要把出发点放在“谁能给你发工资”上。你需要仔细考虑一下，谁最重视你的价值，看重你的工作经验和客户关系。你肯定希望新东家重视销售员，是一家对未来有规划、有新产品即将上线的公司。

不少公司会要求自己的销售人员离职后不得去对手公司任职，有些公司甚至会把这些写进雇佣合同，具有法律效力。然而，如果公司倒闭，这些条款可能就变成一纸空文了。你务必要搞清楚自己的合同中有没有这些限制条款。如果你热爱这个行业，希望到对手公司去工作，你必须确保这不会引起法律纠纷。否则，你自己和行业日后都会受到伤害。

如果你的公司关门了，你也有机会去对手公司工作，千万不要匆匆跳上第一艘开过来的船。考虑一下客户的情况：(1) 如果这些客户跟你走，哪家公司最能满足他们的需求？ (2) 这些客户会不会跟你走？

希望你能预先知道公司面临巨变，比如歇业、关闭某条生产线、关掉某地的分支机构等。如果既合适又合法，你可以提前警告你的客户——只说那些可能会影响到他们的变化。如果公司关门了，向他们保证你会站稳脚跟，继续到行业里某家资质良好的公司去工作。如果你一向给他们提供良好的服务，他们可能会问你新东家是谁，以便跟着你走。这会给他们节省很多精力和很多时间，免得自己再找新供应商，培养一个新的销售代表来解决问题。

如果你无法提前通知他们，那么你要作好准备，一旦时机合适，就立即告诉他们。毫无疑问，你公司倒闭的消息肯定会在对手间传开，而他们会摩拳擦掌，等着接管你那些客户——可能会捎带上你，也可能不带。

如果你以前跟客户说过你只去最优秀的公司工作，这很好。然而，如果你不够专业，曾经诋毁过对手，如今却不得不在这些先前的对手公司中找工作，这就有点麻烦……这种情况下，你的客户很可能会自行寻找更好的供应商和更好的销售代表。

如果你想去某家最有可能在恶劣形势下存活下来的公司，你要确保他们也能提供质量过硬的类似产品。如果你的公司还存在，客户肯定还会需要这种产品的。如果你认真地作了背景调查，觉得去这家公司是个好主意，那么客户很可能会继续跟着你走。手握现成的客户，你在新岗位上会有先天优势。即使薪酬系统跟原先的公司不太一样，但由于你过渡得好，你的收入也不会有太大影响。

如果老东家倒闭了，你要想想你能为新东家带来什么——你的经验、产品、行业知识，还有客户。在新公司核查你的资质和能力的时候，你当然应该让未来的雇主知道你过去的销售业绩。同时，你也应该让他们大致知道，你的老客户中有多大比例愿意跟你一起过来。你可以把这些作为谈判的筹码，为这些老客户争取到最好的产品，也许还能给你自己谈成一笔相当不错的奖金。不过，只有当你确定新公司有优秀的替代品时才能这么做。就像销售生涯里的任何谈判一样，道德总要放在第一位！

如果竞争对手倒闭了

如果对手公司倒闭了，他们的客户上哪儿去呢？除非对方的销售人员和你一样好，帮助客户转到新供应商那里去，否则这些客户就要“漂泊”一阵子了。他们不得不拿出时间和精力寻找新的资源。如果你所在的公司幸存下来，你会尽一切努力把这些客户拉拢过来。希望你的公司会雇用一批对手公司的顶尖销售员，这些人可能会把客户带过来。如果你的公司无法增大开销，但却很希望拉拢这些客户，你可能就要出面和这些销售员沟通，先了解一下客户的大致情况（或者起码拿到几个优质客户的名字）。你也很可能已经知道一些客户的名字了，因为你过去无法拿到他们的订单。

如果对手公司的销售人员给你推荐了生意，你的公司就要想出聪明的办法，用中介费的方式补偿一下他们。再强调一遍，道德为重，每个人都该公平行事，以免遇到任何法律纠纷或横生枝节。

你该如何接近这些客户呢？要谨慎。但愿他们认为是上天响应了祈祷，派你来解决问题，或是把你看做救苦救难的神驹骑士。客户会感激你主动来访，因为他们知道，供应商之间的竞争让他们遇到了麻烦，落入无人过问的境地。

但有些客户可能会有点谨小慎微，程度如何，要看你的对手公司是因为什么倒闭的，也要看客户因此遇到了多少麻烦。他们不想在跟你合作半年后又要遭遇同样的问题。他们需要知道，你打算在这一行长久地做下去，并且真正帮到他们。他们还不想太快就付出忠诚。对于这种客户，你必须更勤奋地工作，赢得他们的信任，你或许要从小订单做起，证明你能够很好地服务他们的需求。

有一个接近这些客户的方法：把你应对客户拒绝的策略稍作修改，“换位思考”。你可以这么问：如果您处在我这个位置，您会如何处理这个问题呢？比如，“帕克先生，我想告诉您，我完全理解您的处境。您不敢跟我们作出承诺，特别是因为之前的那家供应商弄得您很被动。但是，我还没真正遇见过这种事情。以您今天掌握的情况来看，如果您是我们公司的老板，碰到了一位有糟糕购买经历的潜在客户，您会建议我怎么做呢？”等待对方回答吧。帕克先生会准确地告诉你他想得到怎样的待遇。然后，当你这么对待他的时候，你就赢得了这个客户。

从非客户那里得到引荐

看到这里，你已经学到了很多请现有客户帮你推荐业务的方法了。现在我们来探讨一下，如何让非客户为你作引荐。

除非你从事的是殡葬行业，否则你认识的人里肯定有很多人用不着你的产品或服务。千万别把他们摒弃在外。这个世界很小。如果你还没这么做过，我希望你马上试一试。每个你认识的人都有其他的朋友和熟人。因此，即使他们本人不是你的潜在客户，他们也很可能认识这样的人。

尽管你卖的是私人飞机，潜在客户名单相对很短，但你认识的某个人很可能会认识另一个能给你线索，或是帮你作引荐的人。就在我写这本书的时候，一万余架私人飞机正从美国上空定期飞过。不用说，能买得起小型喷气式飞机的潜在客户是很排外的。但是，如果你能通过某个潜在客户的孩子的橄榄球教练、按摩医师，或老祖母，从而进入这个圈子，你就肯定会这么做。

就算你的家人和朋友并不直接认识可能对你的产品和服务感兴趣的人，他们也会认识别人，而别人又会认识别人。留心他们生活中的事，注意他们的圈子，这就是你的工作。你需要不停地播撒种子，请别人帮你牵线搭桥。

当你和圈子里的熟人聊天的时候，只需问上一句："你认识的人里有谁对旅行房车感兴趣吗？"不要问："你认识这种人吗？"这种问题往往只有一个答案："不，不认识。"当你问起"你认识的人里有谁……"的时候，对方脑海里的搜索方式是不一样的。"有谁……"这种问题是需要想一想才能回答的。比如"什么、何时、何处、为什么"的问题也是同理。问一个能够用简单答案（比如是或不）回答的问题，你往往只能得到这样的答案，所以，如果你想让某人回想起某个潜在客户的模样，或是从记忆库里找出某人的名字，就别问这种简单问题。

你也可以问问那些你经常光顾场所的老板和员工。世界上的每个人都有办法接触到，你的任务就是找到正确的办法。

我的导师J·道格拉斯·爱德华兹经常讲起一个转会的职业棒球手的故事。球手要去的那座城市的新闻里到处是这次转会的细节报道。这是个热门话题。当地人都知道他有娇妻幼儿，还有极高的薪水。这些人里也有销售员，但极少有人肯多想一步，去争取做成他的生意。

当地的一位房地产销售员给这位棒球选手发了一封祝贺信，恭喜他成功转会，并欢迎他来到这个新地区。这位房地产销售员随信附上了自己的名片，并且告诉棒球手，无论他对这个地区有任何问题，自己都乐意回答。

你猜怎样？他是唯一一个接触到这位棒球手的房地产销售员。棒球手果然打电话来了，这位销售员帮助这一家子找到了合适的住宅。就像绝大多数房地产销售员会做的那样，他也准备了一个清单，上面写着当地的保险公司、学校、购物商场、教堂等信息。他成为这位棒球手眼前的大红人。在这笔房屋生意里，他不但挣到了相当丰厚的佣金，也给清单上的供应商们推荐了不少生意。

你在谁的清单上?

如果你还没有现成的推荐清单，可以用来帮你的客户介绍非对手行业的优秀供应商，那么就做一个。让清单上的每个人都做一个这样的单子，然后把你的名字加进去。你永远不会知道这个清单会传到谁那里……希望它传到了合格客户的手上，这样你都用不着亲自去找他们了。“你好，我叫安吉·史密斯。我是从我的房产经纪人/灭虫服务公司/干洗店/老板那里听说你的。我需要……”难道这不是你最喜欢接到的电话吗?

很可能安吉正是你的理想客户，而且对销售的抗拒心理很弱。她是从一个信任的人那里知道你的，就算你从没给那个人服务过也没关系，好好为安吉服务，然后给引荐人打个电话，让他知道这件事，感谢他推荐你。如果这个引荐人还不是你的客户，就毛遂自荐，并且用安吉对你的满意度当敲门砖，敲开他的大门。

正面报道的力量

2008年，伟大的篮球明星沙奎尔·奥尼尔开始为我的家乡球队菲尼克斯太阳队效力。他开着一部超大型的车，跟他那大块头很相配。不幸的是，当地餐馆所在地段都很拥挤，没有太多大面积的停车位。一个极热的夏日（气温高过了37摄氏度），“大鲨鱼”奥尼尔和朋友约好吃午饭，可他发现，他只能把车停在离餐馆好几个街区远的地方。一个球迷认出了他，跟他打招呼。他问那位球迷能否让他搭个顺风车到餐馆去。球迷又惊又喜，开心地答应了。可有趣的是，这位球迷开的是一辆袖珍车，“大鲨鱼”费了半天劲才挤进去。这个球迷拍下了奥尼尔窝在迷你车里的照片，奥尼尔也给这位粉丝拍了一张。这些照片和故事成了当地报纸上最有趣的报道。

当读到这篇文章的人都在议论给奥尼尔帮忙会多有趣的时候，我想到了一个机会。如果我是那个地区的餐馆老板，读到这篇报道之后，我就给奥尼尔传递个信息，告诉他如果来我的餐厅吃饭，我就给他在旁边的停车场里预留一个大小合适的车位，好让他停放那辆超大型的汽车。如果实际情况不允许，我就派车去接他。如果他愿意，我甚至可以为他提供包间，留出供他进出的私人通道。奥尼尔来我的店里吃饭，这毫无疑问会让生意大增。我的善意会赢得很多人的好评，没准儿还能上新闻。

我尽力说服学生们，让他们不要经常看报纸上的悲观报道。然而，如果你确定有看报的习惯，请留心每条新闻背后的机会。机会总是有的，但除非你能认出它来，它才会为你、你的产品和你的行业服务。

拓展人脉圈

你最近参加了某些社交团体或组织吗？参加普通社交团体或专门行业里的活动小组，能给你带来许多绝佳的机会。人们会把你看做是团体的支持者，而不是一个完完全全的陌生人，跟你交流起来会更有信心。如果你在行业团体里十分活跃，这有助于建立你的专家地位。如果某些陌生人遇到了你专长领域里的问题，就很可能会过来请教你。

你参加当地的商会吗？演讲俱乐部Toastmaster怎么样？在我所知道的拓展社交圈的机会里，这两个组织是最棒的。如果把社交“做对”了，你会得到很多绝妙的商机。

怎么才能把社交“做对”？首先，你要作好准备。认识新朋友的时候，询问对方的名字，了解他们是做什么的，这是标准程序。

我发现有件事情很有趣：绝大多数人是通过“我做什么的”来给自己定位的，而不是通过“我是谁”。比如，想象有一小群人因为某种目的聚在一起，小组的领导人多半会请大家自我介绍一下，谈谈自己的背景和来这里的目的。你会听见这种话：“我叫约瑟夫·卡拉根，我是个律师，今天来这里是为了……”，“我是玛莎·帕特森。我家孩子参加了这个聚会，所以我也过来帮帮忙。”我们喜欢用职业或跟别人的关系来定义自己。

在销售中，你应该学会用你提供的服务来定义自己。以后再也不要对新认识的人说，你是ABC公司的销售员，要说你为人们能带来什么好处。“我是汤姆·霍普金斯。我通过增强客户的购买体验，帮助公司提升销售额，进而提升利润。”如果我说“我是从事销售培训的”，人们就会对我的职业有先入为主的成见。但是，通过描述我提供的服务，我激发了人们的好奇心，人们想要知道更多，因此就会想多了解我一点。

以下是我罗列的某些职业给人们带来的好处，帮助你找到灵感。读完这些之后，写一份你自己的职业描述。背下来，然后开始投入使用。

> **金融服务**：“我教人们怎么挣钱、怎么存钱。我们有个很妙的分析方法，能够根据人们的财务梦想和目标，分析人们过去和今日的处境，告诉人们如何实现未来的梦想。这是个激动人心的工作。”
>
> **装修公司**：“我帮助人们维持并提升房产的价值。人们最大的投资可能就是房产了。举个例子，如果我送你一根魔杖，你可以站在家门口，轻轻一挥，把家想改成什么样就改成什么样（除了抵押贷款），这种感觉如何？”
>
> **房产公司**：“人们梦想着拥有自己的家，和心爱的人共同创造回忆。我帮助人们看清这个梦想，并且实现它。”
>
> **花园设计**：“我是个玩乐专家。我帮助每个家庭在自家后院里一起享受更多的欢乐时光。”

这样的职业描述说的不是产品，而是产品为人们带来的好处。选择社团组织的时候，既要考虑你的工作能力，又要考虑跟工作无关的兴趣和个人爱好。你没必要非得参加十个不同的团体、没完没了地开会不可。很多组织都为非会员设有志愿者名额。尽你所能，在这个过程中做好工作，也认识新朋友。去哪儿找这样的机会呢？一般来说，报纸上和社团组织的网站上会有消息公布。如果你不确定该从哪里起步，问问你现有圈子里的朋友和熟人。如果你放话出去，愿意去当志愿者，人们会很愿意邀请你参与的。

跟其他社团成员聊起你的产品或服务之前，你必须要先为团体做实事，达到团体的目标。同时，你也要感谢这个日益扩大的人脉圈里的每一个人。如果你行事谨慎，不去占人家便宜，他们就会更愿意帮助你。回到我们之前讨论过的要点，在结束跟他们的每一场谈话之前，问一问你能为他们做什么。

要点总结

- 回顾现有客户的资料和采购记录，思考留住业务或提升采购量的新点子。
- 你理解了主动要求高质量引荐（而不是泛泛的线索）的重要性。
- 在你能够给予之前，永远不要向他人索取。
- 如果你的公司倒闭了，不要慌乱。你知道该如何从有利的地方起步。
- 别家公司倒闭了，暂时无人顾及的客户就成了你的潜在新客户。你有绝妙的方法去接近他们。

- 你会研究一下当地有哪些可参加的社团，或是当志愿者帮助别人的机会。去参加社团吧，结识新朋友，拓展人脉圈。
- 你已经写下了一份职业描述，写的是你能为个人或公司带来的好处。结交新朋友的时候你应该用上它。

第七章
如何快速判断客户是否合格

最有效率的产品演示就是根本不用演示。在判断客户是否合格的这一步，专业的销售员会知道有没有演示的必要。

——汤姆·霍普金斯

和磨炼销售技巧的那一章一样，本章是整本书最重要的章节之一。得体地试探客户是否合格，是否属于理想客户，这是普通的销售员懒得去做的事情，但专业的销售员永远不会跳过这一步。

什么叫做试探客户是否合格？如果你是一名专业的销售员，你会在“跟客户初次联系”和“作产品演示”之间试探客户是否合格。如果你企图在营造和睦氛围之前去试探，就会显得很冒失，还会显得急功近利。如果你做得太晚，已经到了产品演示的阶段，你可能会发现自己做了一大堆无用功。

“试探客户是否合格”的动作应该放在销售进程的早期去做，这样你就不会绕着一个没能力购买的人打转。在这一步，你应问些问题，判断潜在客户的需求，然后在心里把客户的需求和你的产品或服务进行对比。如果两者一致，你再作出第二次试探，看看他们想要多久解决这个需求，打算付多少钱。

判断客户的合格程度是销售进程中的转折点。有两种可能：(1) 你认为这位潜在客户是合格的，可以顺利地进入下一步，也就是产品演示阶段；(2) 你认为这位潜在客户不合格，然后得体地撤退，继续寻找下一个潜在客户。

客户越是合格，成交的可能性就越大。但客户合格了，未必就意味着你一定能拿下订单。客户是否愿意作出最后的购买决定，完全取决于你的表现以及你的展示技巧、解决客户顾虑的能力和成交技巧——这一切都发生在判断客户是否合格之后。

别人推荐过来的客户往往是最合格的。但愿你极少碰到这种事：有人给你介绍过来一个客户，却完全不适合你。当然，推荐人可能不知道这个人会如何回答你的试探问题，但绝大多数情况下，他们会推荐跟自己差不多的人。既然他们需要你的产品，那么这一位很可能也需要。

被推荐过来的客户是从已经对你的产品或服务很满意的人那里听说你的。因为他信任那个对你的产品或服务满意的人，所以他的一部分信任也就转移到了你身上。被推荐人认为自己也会从你的产品中得到同样的好处，因此很愿意跟你交谈。

但你要当心，别以为这样你就可以走捷径，用不着判断这个准客户是否合格了。准客户认为自己跟你的客户差不多，并不意味着他们的情况真的一模一样。麦克斯韦尔一家和帕克一家或许住在同一条街上，房子一模一样，有相似的工作背景。但麦克斯韦尔一家可能很会理财，因此买得起你的产品，而帕克一家可能因为欠了债而买不起你的产品——尽管你的产品很符合他们的需求。

整个销售过程中，唯有此时需要客户多说话。他们说得越多，你就越清楚自己能否帮助他们。这并不是说在试探完成之后，你要展开滔滔不绝的说教，而是说，你在这一步的任务是用问题引导他们，让他们畅谈需求、欲望、希望、梦想，还有财务状况。

你要知道，很少有个人或公司会大幅度地改变购买习惯。这一点很重要。人们喜欢买同一个牌子和类似的产品——或许会买些升级换代，或是时髦的新色彩的产品。所以，你应该问一些问题，看看客户之前买过哪种和你的产品类似的东西。让他们畅谈购买经历（无论好坏）、以前买过的产品的细节，以及他们喜欢这些产品的哪些方面。

然后问问客户，为什么现在想换一种产品。他们希望新产品有哪些不同的地方，在哪方面能带来更多收益。客户的回答就是他们的期望值。如果这一步你做得好，客户会准确地告诉你他们想要什么，希望花多少钱能买到。因此，这一步做得好不好，是你整个职业生涯成功的关键。

要留心客户的“心动按钮”，也就是客户非要不可的功能，如果没有这些功能，客户就不想买了。有太多平庸的销售员太沉迷于卖自己想卖的产品，而不是顾客想要的产品。“心动按钮”就在他们眼前打转，但他们却没能把它用在产品演示里。

如果客户坚持，非要某种功能不可，但你的产品里没有，此时你必须小心处理。你可能得帮他们衡量一下，是这个功能更重要，还是其余那些你的产品有的功能更重要。如果其余的功能足够好，没准他们会改变主意，觉得不要原来那种功能也行。事实上，他们或许会意识到那个功能其实没那么重要。可能是因为以前所有型号的产品上都有，所以他们已经习惯了，却从没仔细想过它到底有没有用。在某些情况下你能把他们争取过来，但大多数情况下你不能。

我曾经有个客户，一心想买一幢带硬木地板的房子。在我负责的那片区域里，比较新的这种房子已经没有了，有些带硬木地板的房子都比较老，有别的缺陷，或者是设计得很差。但是，如果我能找到他喜欢的那种地板，可以把较新的房屋里的地板全换了。我对此进行了一番调查，大致了解了换地板的费用，同时我也看了那些老房子。我作好了两手准备，但我们还是先去看了有硬木地板（他的“心动按钮”）的老房子。最终，这位客户还是按原先的想法买下了一幢老房子，但他在后来几年内把房屋翻新了。要是我努力说服他买较新的房子，建议他更换地板，我可能就失去了这笔订单、他给我推荐过来的客户，还有与他的后续生意。

上哪儿去找合格的客户？

能遇上现成的合格客户是最理想的了。他们可能是老客户介绍过来的，也可能跟老客户同属一个圈子，属于同一类人。但愿你把跟客户首次接触的资料都保存了下来，这样的话，在业绩增长缓慢的时候，你可以回记录里找一找，看哪些资源存在更多的潜在客户。也许你通过某种方式或在某个地方碰到了一个合格的、优质的客户，而那里还有更多相同的人。

我们喜欢跟和自己相像的人待在一起，这让我们很自在。想想看，你不是经常和朋友、邻居、孩子玩伴的父母待在一起吗？

你会参加那种成员层次跟你差不多的商界人士社团，你们的人生阶段和事业阶段很相像，有着相似的兴趣和目标。

那么，在你遇到最合格的客户的地方，是不是也存在着许多相似的人呢？你在哪里认识的“大订单先生”或“频繁下单女士”？是在某个派对上吗？是谁召集的派对？是某人介绍你认识的吗？是从某个名录上找到他们的吗？是他们主动打电话到公司找你的吗？是因为某个广告，还是因为逛街时的偶遇？

如果你知道现有客户是从哪里来的，你就可以把相似的地方列个清单，去寻找潜在客户和更多生意。形势艰难的时候，你最好多掌握一些客户。当然，你需要让现有客户满意，但要是他们的订单变少了，你就需要更大的客户群来维持理想的收入。

还有一件事很重要：应该清楚地知道理想客户是什么样子的人。你可以先列个单子，把优质客户的特点写下来。

如果你面对的是直接用户，他们属于哪个年龄层？已婚？单身？有没有孩子？他们经常出国吗？住在某一类型的社区吗？开卡车还是运动型车？是十大盟校[①]的校友吗？他们属于某个特定的行业（比如医生、律师、牙医、建筑师、蓝领等）吗？他们热爱户外运动吗？喜欢露营、打猎或钓鱼吗？

如果你的产品面向的是企业用户，这些企业在豪华写字楼里办公吗？他们是制造型企业、零售商，还是办公室职员？他们的典型需求是什么？

---

① “十大盟校”最初是因体育而结盟的一个大学间的体育联合会，成立于1896年，目前包括西北大学、密西根大学等11所大学。——译者注

你已经明白我的意思了吧。你可以根据手里合格的、满意的客户来列这张清单，如果你是个销售新手，也可以先列出你的产品能给客户带来什么好处。想想看，“我的客户是这样一群人，他们需要________________。”把绝大多数客户的五到六个共性列出来。

1.____

2.____

3.____

4.____

5.____

6.____

列清单的时候，留心客户的类型。你可能会发现，你已经错失了成百上千（但愿不是成千上万）美元的单子，却从没意识到那些人很可能就是合格的客户。

我们把它跟买新车加以比较。一旦你想买一辆红色的卡车，你会发现满大街都是红色卡车，是不是？其实它们一直都在。只不过在你打量周围世界的时候，并没有把“红卡车”当做一个标准。

一旦列好了客户特点清单，就记住它！每当有人提到任意一条的时候，你的脑子里就会蹦出来一个想法：“嘿，那个人（或公司）可能会适合我的产品。我得停下手里的事儿，多去了解了解他。”你很快就会发现自己抓住了更多机会，而不是与之擦肩而过。

使用这些衡量标准也会帮助你发现不合格的客户。你跟某个人开始谈事，他提到了某些东西……或许正好在你的清单上……让他看起来很适合拥有你的服务。可随后，你发现了一两个迹象，证明他现在还不是个合格客户（比如说，这是他们财年中预算最紧张的时候）。然而，半年之后，甚至两年之后他可能就合格了。因此，你不用现在就作完整的产品演示，但你要把大门敞开，留待日后拿订单。时刻记着这个清单，你可以更高效地拉长销售的时间范围，获取未来的潜在客户的信息。

让潜在客户开口说话

为了更多地了解客户是否合格，是否喜欢你的服务，你需要让对方开口说话。我们之前已经讲过了，这需要你向客户提出试探性问题。但哪些问题才是最好的问题，能让你获得想要的信息呢？很简单：哪些问题能把你想要的信息告诉你，你就问哪些问题。

我会教学生一个“倒推问题法”。从你完成试探之后的场景想起，倒着往前推，看看你该怎么提问。

你对极为理想的客户了解多少？想想你最满意的客户。哪些关键点让你们双方都意识到合作是一个双赢的局面？

我们现在讨论的内容不仅仅是上节讲到的“合格客户特征清单”。回忆这种场景：你完成了销售，在做文书工作，或是正在把订单信息输进电脑里；你满足了客户的需求，相当开心；他们也很高兴自己作出了购买决定。是哪些问题引导了你，让你向客户介绍了那个特定产品？是不是因为那个产品特别符合客户的需求？

花点时间想想看，在引导客户购买你最热门的产品之前，你需要掌握哪些理想的信息。把它们列出来，就直接写在书上好了，这样你可以一边读一边做笔记。

现在，让我们来倒着推。为了得到这些信息，你该问什么问题？按什么顺序问最合理？为了知道你思考的方向对不对，对于每个问题，你都要自问一遍："这个问题的答案是否能告诉我，这位潜在客户的确有需求，也有购买欲望？如果我的产品最符合他的需求，他有没有足够的金钱实力，让他今天就作出购买决定？"如果这些问题不能给你肯定的答案，就说明你还没问到点子上。

给自己点时间，好好思考一下。不断演练这些问题，直到你能问得既流畅又自然为止。一旦你做对了，销售进程就会顺畅很多。虽然这些问题听上去非常自然，却直击要害……它们让你一路朝着订单前进。

有一点你要注意：提出这些问题的时候，千万别一副死记硬背的样子，像照着清单在念似的，你的声调必须既专业又自然。

你需要清楚地知道客户“从哪里来”，又想“往哪里去”。在销售中，了解哪些功能是客户用不着的，哪些功能是客户喜欢的，这两点同样重要。改变的欲望可能来自于“我不想要”，也可能来自于“我想要”。这两个方面都能帮你搞清楚客户想买什么。

一旦你理解了这个方法，并会在某个单项产品上使用了，你就花点业余时间，在其他产品上也练习一下。你准备得越充分，就会觉得试探客户越容易，从而更快地进入强有力的演示阶段。演示做得越好（越有针对性），成交的概率就会越大。

准确评估的威力

懂得如何得体、准确、快速地试探出潜在客户是否合格，这就是收入普通的销售员和金牌销售员的区别。多年前，我们和一位业内的心理学家合作过，他设计出了一套测试销售员能力的评估工具。在测试了25万名职业销售员后，他证明了自己的观点——与是否懂得成交技巧相比，是否懂得评估客户的合格程度对销售员的收入影响更大。那些擅长试探客户合不合格的销售员，更容易挣到六位数的收入。

当然了，即使你有个极度合格的客户，但你从不要求客户签合同，那你永远也不会成交。但是，有太多销售员把时间浪费在不合格的客户身上，因此，他们挣不到金牌销售员那么高的薪水。

探测客户的合格程度是为了节省时间——既包括你的时间，也包括客户的时间。你不想把宝贵的销售时间耗费在无法购买你产品的人身上吧。如果这个过程对他们没好处，他们也不会想把时间浪费在你身上。

你偶尔会遇到一些没事可做的人，尽管他们还不够格购买，但他们对你的产品线很感兴趣。对待这种人的策略是，愉快而友善地对待他们，有礼貌地答应给他们寄资料，但没必要花时间去见他们，或是打电话。正如之前我们提到过的，即使他们可能不是合格的客户，他们也可能认识合格的客户。

我不想显得冷漠无情，但销售的确是个“数字问题”。你需要掌握试探客户的技巧，快速（但不是用鲁莽的方式）判断出手上的客户是否真正属于优质的潜在客户。

如果他们现在还没有资格成为你的客户，你也要开开心心地把销售的大门敞开着，因为他们的状况可能会发生变化，然后你再去找别的客户。但是，在离开这些人之前，判断一下他们是否认识合格的潜在客户，请他们帮你引荐。有时情况会很快发生变化的。今天莎拉可能没钱购买你的餐饮承办服务，可下个月她没准儿拿到了一笔奖金，或是继承了一笔遗产，想要办个活动庆祝一下。你应该给不是客户的人留下一个积极正面的印象，好让他们能在时机合适的时候想起你来。

如果某家公司或某些人属于优质的潜在客户，你就深入探寻他们的需求，找出最适合他们的解决方案。我们已经在第四章中谈到这一点了。你要尽可能地收集跟客户需求相关的信息，然后在推出方案之前把需求总结一下。

某些情况下，你可能会在非工作场合遇到一位合格的客户。当时的场合可能不适合谈生意，此时，你的销售目标不是继续判断他是否合格，然后展示产品，而是敲定一个时间，好有机会跟他讨论你的产品有什么好处，如何满足他们的需求。此处的挑战在于，你要趁他们兴趣高涨的时候见到他们，别让任何变化把他们变成不合格的客户——比如被竞争对手捷足先登。

我从事房产销售的时候，很喜欢举行公开参观活动。每次总会有合格的优质客户经过门口。举行公开参观的那座房子可能不适合这位优质客户，但我又不能马上带他去看更合适的。尽管他已经作好购买准备了，但我不能把来参观的其他客户撂下不管，去满足他的需求。

最后，我想到了一个办法。我在供参观的房子里放上好几桶半加仑装的冰激凌。如果我觉得哪位客户非常有可能买房子，但又不适合目前这座房子，我就记下他们的联络方式，答应尽快带他们去看房，然后把一桶半加仑的冰激凌当做礼物送给他们。在一个炎热的夏日，拿着半加仑的冰激凌，他们会去哪儿呢？绝大多数情况下他们会回家去，把冰激凌吃掉，或是放到冰箱里。这就是我的方法——把客户留住，免得他们又去看别的房子。

产品的确符合需求，但购买时机成熟吗？

事实上，试探过程中还有决定性的一步。一旦你掌握了客户的需求，还要问一下他们是否作好了购买准备。这一步要当心，这和要求成交（也就是要订单）很不一样。在这一步，你是在试探他们的购买能力和愿望——是想现在买，还是半年以后买。但是，你并没有请他们真正作决定，因为现在还没到时候——你还没展示产品呢！

以下是一些建议，你可以这样处理：

“杰克逊先生，要是咱们今天运气够好，找到了合适的解决方案，那您什么时候想用这部铲车呢？”某些客户可能很喜欢你的产品，也有购买能力，但他们还没作好购买的准备。他们可能要到半年后才使用你的产品，他们可能要把这算进下个财年的预算里。到了那时，你的价格体系可能就不一样了，甚至会有新产品推出（这要看你从事的是什么行业）。在投入大笔时间展示产品方案之前，你需要知道他们的时间计划。

“芭布，如果你们想购买我们的新服务，最终的决策过程是什么样的？”芭布可能是决策委员会的重要成员，这个委员会可能一个月才会碰一次头。在作出最漂亮的方案展示之前，你希望知道这些。与其向芭布一个人先演示一遍，你更应该面对全体成员演示。今天你要“销售”给芭布的，就是让你出现在下次的决策会议上。

说到委员会，你应该知道成员都有谁，每个人的职位是什么。有些人说的话可能比其他人有分量。准备演示方案的时候，你应该知道这个。例如，如果你知道在委员会作出选择后，财务部的斯科特·贝克尔有最终决定权，你最好把演示过程中跟财务相关的部分准备得特别充分。如果创意部的玛德琳·帕克斯顿有最终决定权，你就需要把图表做得特别吸引人。

如果你到了方案展示这一步，而决策人不止一个，那么你一定要跟房间里的每个人都保持得体的眼神接触，这很重要。如果你是在顾客的家中做销售，小家伙约翰尼正坐在妈妈的大腿上，你要把他也算进去。否则，他可能会作出决定，如果他成为妈妈注意力的中心，你就会失去控制权。

这里还有一个测试购买时机的例子："迈克，如果我们现在谈的都没问题，你的准备工作做好了吗？"如果你的产品需要任何形式的融资，可能需要迈克有贷款资质，这样你们才能继续往下谈。请记住，判断客户是否合格，不仅要看你的产品是否符合他们的需求，也要看客户的财务状况是否允许。

这个话题我们在前面的章节中提到过，但此处我要再重申一遍。谈到财务问题的时候，应该用这句话开头："我无意触及您的私事，但是……"这样一来，你已经告诉他们，你知道这些话题事关私密，但你依然能继续往下聊，取得你需要的重要信息。

"为了让您的员工掌握这个新软件的用法，他们需要参加一些培训。您希望大家什么时候能顺利地使用这个软件？"如果你的产品需要最终用户参加培训，那么你要早早地把这个时间问题提出来。你一定不想让潜在客户认为他们的员工一下子就能学会吧。如果你知道一般公司的员工需要三个月才能掌握，你就要在试探客户是否合格的阶段把这个时间安排提出来。如果这家公司需要更快的方案，或是无法及时安排员工参加培训，那么这个客户就是不合格的。或者，如果他们的员工分布在各地，你可能要分别安排培训的日期，或者是在网上培训，用既省时又省钱的方式完成工作。

“比尔和苏，如果我们的产品合适的话，除了你们两位，还有谁会参与最后的决策呢？”尽管客户是夫妇俩，看上去财务也没问题，但他们可能要靠奶奶或彼得叔叔资助。如果是这样，成交之前，奶奶和彼得叔叔可能会参与决策。你需要在作全面展示和试图成交之前获得这些信息。

客户的订购量减少，该怎么办？

如果采购员波莉下的订单比往常少了，你有充分的权利去问她其中的原因。不要觉得这是冒犯，也不要认为你就要失去这个客户了。你只不过是要评估一下，看看她是否有新需求，或是需求发生了什么变化。

但是，你别自找麻烦。等手上这个订单完成了之后你再开口问。如果这些问题问得早了，可能会妨碍这张订单的顺利执行。无论你的问题问得多么自如，你的客户都有可能会认为这是冒犯。

总会有这种可能的。

有个问题很重要：你要当心措辞，别显得像是在打听客户公司是不是遇上了什么糟糕事情似的。永远也不要做出这种令人误解的行为。你是他们中的一员，应该关心他们的公司。你的言行应该符合这一点。

“谢谢您下订单，波莉。感谢您一直以来的支持。以前你们总是订五千个，可这回的订量减少了，我想问问是什么原因。是您的客户想要别的产品了吗？还是你们公司像大多数公司一样，受到了经济形势的影响？”很可能是波莉去别的地方采购了新产品供给客户。如果是这样，要是你有合适的产品，你肯定希望自己是第一个满足这个需求的。如果对手公司的销售员比尔已经带着不同的产品捷足先登了，波莉可能就不会找你了。也有可能是波莉刻意要停止购买，因为公司不再需要这种产品了，或是她找到了更为便宜的替代品。无论是什么情况，你都要快速采取行动。

如果波莉的公司受到了市场或行业的影响，你应该去跟她聊聊发生了什么事。如果你还不太有把握，就从其他途径收集信息，看看她的行业怎么了，然后看看你是否能想出什么新点子帮助她的公司。

如果她需要在一段时间内缩减订购量，那么你需要评估一下这对你的销售收入有什么影响。你可能需要另找一位客户来弥补销售指标。你的目标是在帮助客户的同时，保持或增加自己的收入。

如果某位客户的订购量减少了，或者订购的频率降低了，那么请他们作出高质量的引荐是个不错的应对办法。如果你一直把他们服务得很好，他们可能会因此有些内疚——他们的不景气连累了你。这会让他们觉得有义务帮你介绍点生意，因为你在他们需要的时候已经伸出了援手。永远也不要默默地接下一张变小的订单，然后祝福客户一切平安。这是平庸的销售员干的事。你是金牌销售员，你永远都会积极地找出对所有人都最有好处的解决办法，包括你自己。

要经常评估客户的合格程度

形势艰难的时候，你需要不断地评估现有客户的合格程度。一天三班倒的时候，“快造”公司是个合格的客户。但是，如果他们的生产发生了变化，比如变成了一天两班，他们的需求就会发生变化……你的服务也会发生相应的变化。

如果“卡氏甜点”的生意越来越红火，他们对你现有产品的需求可能会增多。要珍惜客户的时间——特别是业务增长的时候——但你要作好提问的准备。你可以回想一下第一次跟他们做生意的情景，看看他们的需求是否发生了改变。

“卡萝尔，当初你向我们买前两台商用烤炉的时候，你才刚刚搬进这个厂房。现在你已经扩张到楼那头了。你新请了三位甜点师傅，已经开始免费送货了。这么大的成就，你难道不自豪吗？我很想知道，你的生意增长有多么顺利？多久之后会需要第三台烤炉？”很有可能卡萝尔忙得从没想过这个问题。你这么一提，她可能才意识到，要是再买一台烤炉，生产效率会更高。于是她就会决定，是时候再添置一台烤炉了。

消除价格异议

正确地评估客户的合格程度有个最大的好处：排除随后的价格异议。我得提醒你，不要太早提出钱的问题——还没阐述产品价值的时候就不要提，但是粗略地估出客户打算花多少钱还是很明智的。你肯定会遇到这种情况：潜在客户完全不知道你的服务是什么价格。他们很可能严重低估了花费。

处理金钱问题有好多种做法。你可以问问他们在类似产品上作了哪些调研。现在网上信息量这么丰富，客户不大可能对你的产品价格一点概念也没有（但也有可能）。此外，如果你的产品有很多型号，价钱相差很多，你肯定希望知道他们打算花多少钱。

客户提起某种型号的时候，你需要简明扼要地点出它的功能。然后把大体上的价格报出来。"这个型号有 ×× 功能，基本价是 ×× 美元。"如果价格超出了他们的预算，他们很可能会告诉你。如果他们没犹豫，那你就问问更高级型号产品的功能和收益是否符合他们的需求。他们可能在调查的时候漏掉了什么，因此看中了低级型号的产品。"X+的型号还包括 ×× 功能，好处是 ××，您觉得这个功能怎么样？"

另一个提钱的办法是说说其他客户的情况。"帕蒂，有很多满意的客户大概花了5 000美元。有些实力更雄厚的客户花了

7 500美元以上。还有些满意的客户由于预算有限，大概花了3 000美元。我能问问您觉得哪个价位比较合适吗？”这话是不是听起来比这个问题舒服多了？“那您打算花多少钱？”

一旦你能粗略估出客户的预算，你就知道该向他们推荐哪种产品了，而且你已经消除了随后的价格异议。客户已经告诉你他们打算花多少钱了，所以不会再回过头来说你的价格太贵。

现在看到正确评估客户的威力了吧？正是因为这个，它是金牌销售员通往成功的金钥匙。

要点总结

- 判断客户是否合格，这一步对你的销售业绩有重大影响。
- 通过得体地试探客户的合格程度，潜在客户会告诉你他们想要什么。
- 你有一张合格客户特征表，上面写着什么样的人是合格的优质客户。
- 你学会了很多种询问客户何时需要你的产品、打算花多少钱的方法。
- 你有了计划，当你在非业务场合遇到潜在的合格客户时，知道该如何对待他们。

第八章

减弱客户的抗拒心理

Selling in Tough Times

Secrets to Selling When No One Is Buying

世上的忧虑有一半是因为人们在没掌握必需信息之前就想作出决定。

——迪安·霍克斯（Dean Hawkes）

忧虑太没价值了。它扼杀时间，耗尽精力；它扰人安眠，让你的效率变得低下。谁会故意选择这种情绪呢？仔细想想，没几个人愿意这么做吧。但对于我们大多数人来说，忧虑是一种潜意识的反应。它会形成习惯。

你常听人说“我发现自己在担心……”。发现自己在……这听上去像是爱担心的人找不着方向似的。如果你是这样的人，让我们来解决这个问题吧。

对付忧虑，最好的方法就是默念宁静祷词：“愿上帝赐予我宁静去接受不能改变的事，赐予我勇气去改变我能够改变的事，赐予我智慧去分辨这两者的不同。”如果你发现自己正为某件事担忧，问自己这个问题：“对于我担忧的这件事，我能做些什么来改变它吗？”如果有，你就采取行动——哪怕第一步只是多了解一些情况，看看你担忧的原因是什么。就算只把忧虑和你能做的事情写下来也行。

如果你什么也不能做，就大声告诉自己：“别再把时间和精力浪费在担心上了。”我知道这听起来过于简单，但是如果你肯仔细想想，我想你也会认为这种方法是有道理的。如果你用一个月的时间不断地重复练习这个小策略，你会发现自己担忧的事少了，而做到的事情更多了。

研究证明，对于那些爱担心的人来说，他们90%的忧虑从来没有成真过。有些人会把这视做担忧有理的证据："唉，要是我担心那件事，那件事就很可能不会发生了。"把你花在担忧上的时间用来采取行动吧，这相对来说要积极得多，也更有可能带给你积极正面的结果。

现在，让我们来看看忧虑对销售有何影响。这是个相当重要的事情，值得好好注意。你的潜在客户担心自己作出错误的决策；他们担心你的产品是不是真的能实现你说的那些好处；他们担心万一作出了糟糕的决定会大丢面子；他们担心作出财务上的承诺。客户可能并没发觉这些潜在的隐忧，但它们是存在的，而且导致了一种称做"抗拒销售"的心态。

讨厌"被销售"，这可能是导致普通销售员遭拒的最主要原因。普通的销售员在跟客户接触的时候，不会多思考一下这个问题，或是作好解决问题的准备。他们会说，在说服潜在客户购买产品或服务的时候碰到了"一堵砖墙"。不幸的是，他们认为这堵墙是销售中无法克服的障碍。他们或许会努力推上一会儿，但他们极少去想，或是极少肯花工夫爬过去、绕过去，或是在墙上开一扇门——起码是开一扇机会之窗。

金牌销售员明白，这堵抗拒之墙是怎么建起来的，就要怎么把它拆掉——一次拿掉一块砖。尽管客户的抗拒心理很可能形成得很快，但是，一旦弄明白了它是怎么回事，这个过程还是可以减慢，甚至终止的。

我们从这堵抗拒之墙的墙根看起。你是个销售员，你和客户都知道，你的任务就是要把产品从你的仓库搬到他们仓库，因此，绝大多数人在总体上都是抗拒销售员的。

正因为这样，我们才在书的前些章节中探讨了那么多策略，让潜在客户看到你是个友善的人，知道你是来帮忙的，你能胜任自己的工作，也值得信任。这一切都有助于打破抗拒之墙。

如果你怀疑人们是不是天生就对销售员有抵触心态，想一想你有多少次听过这种话："不，谢谢，我们只是随便看看。"当人们只是在浏览货品，或没有表现出购买需求的时候，这是个谢绝销售的标准回答。有些情况下，人们这么说只是因为他们不想跟我们说话。这是因为人们对销售人员有陈旧而糟糕的成见：有些销售员不够专业，只想把产品强行推销给别人。在现实世界中，每个人都要工作挣钱，要养家糊口，无论是做销售还是在其他领域，但销售员却因为行业内一小部分人的不光彩行为，背了几个世纪的黑锅。

如果客户心里已经垒起了一堵十英尺高的抗拒之墙，他们就极少愿意花时间跟你打交道，你永远也别想接触到他们。因此，如果你已经跟某些潜在客户安排好了见面时间（或是他们主动走到你的零售店里来），这就说明他们对你的产品感兴趣，他们有需求——或许墙上还留有一扇机会之窗。你的任务就是让那扇窗户开着。你不是要把这堵墙修得更高更坚固，而是要让客户看到，这堵墙根本没必要存在。你要通过教育帮助他们看到这个全新的现实。

销售的核心就是教育别人。正因为这个，才有那么多老师成功地转行做了销售员。如何抓住学生们的注意力，激起好奇心，帮助学生们兴致勃勃地掌握要学的东西，老师们在这些方面是训练有素的。学生们掌握了知识，就会树立起自信，作出决策的欲望和能力就会大幅度增长。

想想看。你是怎么购买第一台笔记本电脑的？如果你迫不及待地想要一台，你可能很快就作了决定，只为把它买到手。但从长远来看，你满意吗？可能满意，也可能不满意。如果你不满意，你决定把它升级换代的时候，发生了什么事？你去寻找信息；你向信得过的朋友、亲戚和同事们征求意见；你可能在网上作了一番比较；你可能还四处逛了逛，看了看哪家价格最低，哪家的售后服务最好。在购买的过程中，你积累了知识，这让你有了自信，作出了自认为是明智的购买决策。绝大多数消费者正是这么做的。

身为销售人员，你的目的就是教育客户，让客户获得知识。你希望人们认为你是个值得信任的顾问。你需要向客户证明，你有足够的知识，能够把你的品牌跟对手的作出充分的比较。你需要准确地知道，你的产品多少钱，别家卖的类似产品又是多少钱。这是需要你下工夫的，需要付出时间和精力。既然你是个勤奋的专业销售员，这么做应该是你的第二天性。

一块砖一块砖地拆掉抗拒之墙

我们已经探讨过，客户抗拒销售的根本原因是害怕被人“推销”。这种恐惧会一直留在潜在客户心里，直到你赢得他们的信任为止。他们发现你是个值得信任的好人，你的产品妥善地满足了他们的需求。

抗拒之墙极少会在刹那间垒成，它是一层层逐渐增高的。最初，每个客户都会对你作出判断。有些人会有意地判断你，而另外一些人对你的第一反应则是下意识的。

如果你给人的印象在总体上是很有吸引力的，这很好，但你要注意，他们心里可能仍然存有恐惧。如果你的穿着或外貌显得不修边幅，或是不够专业，你已经给抗拒之墙垒上了第一层砖。如果你跟客户的眼神接触不够得体，握手不够坚定有力，脸上没有微笑，墙就又砌上了几层。

如果你面对的潜在客户是团队、委员会或夫妻俩，你对其中某个人说话更多些，那么更多砖块又垒上去了。但这种情况下，你面前的墙可能没那么稳固。如果得到你更多关注的是强势的一方，这堵墙可能建造得一边高一边低。但不管怎么说，这还是一堵墙。如果刚好相反，得到你关注的那一方在最终决策中没有那么大影响力，墙就砌得更高了。额外的砖头是遭冷落的那一方添上去的。你忽视他们的时候，他们正忙着添砖加瓦。对所有成员给予均等的注意力，这是非常重要的。

关键之处在于：你要明白，当你想减轻客户的抗拒心理，或是不想让它再增强的时候，你做的每一件事、说出的每一句话都很重要。你最初的努力——让人们喜欢你、信任你、想要听你说话——对于抗拒之墙的形状和大小至关重要。

我们已经在前面的章节提到过如何让别人对你有好感的事。让人们对你有好感，这始于你的微笑、你的声调、你热情的态度和专业的举止，它跟你的服务心态也很有关系。还记得吗？身为专业销售员，你的任务就是服务他人的需求。如果能确保自己尽一切力量传达这个态度，那么潜在客户最初能用的砖块数目就有限了。

那么，你该如何建立信任呢？你要把这个意思清晰地传达给客户：“我是来为你服务的。”要是没有客户，你就不会有工作，是不是？要感激每个客户给你的时间。这不是客套话，这是你职责描述的一部分，是你的工作要求。

另一个建立信任（对抗壁墙）的方法是找到你和潜在客户的共同点。人们喜欢和那些让自己感到自在的人相处或共事。这些人就是和我们有共同点的人。我们可能住得很近，在同一行业工作，孩子的年龄差不多大，参加过相同的会议，喜欢同一支当地球队，或是参加了同一个俱乐部。

想要达到这个目的，你就不能把自己的生活向客户全盘托出。找出共同点不是他们的责任，而是你的，你要主动去发现。他们的办公室或家里装修得怎么样？如果风格独特，就问问这风格是不是他们亲自挑选的。如果是，称赞房间里的某些东西。找个话题问些问题，让他们说说。然后，你就开始仔细听，寻找共同点。

他们的语调和谈话的内容会给你线索。

如果你发现这有点难，就把他们看做某个领域的专家，而这个领域是你一直深感兴趣的（得是真的才行）。或许鲍勃 · 杰克逊酷爱飞钓，办公室墙上挂着几张钓鱼的照片，或许还挂着一根古董钓竿。你或许这辈子从没钓过一条鱼，但你可以用这种问题展开话题："您是怎么喜欢上飞钓的？"或者"您迷上飞钓有多长时间了？"不过我要提醒你，别问他最喜欢去什么地方钓鱼。他可能会怀疑你要把他的黄金宝地透露给别人。

看见了吗？递过一块砌墙的砖多么容易啊。跟销售根本没关系的事情都有可能变成砖块。有些随口说说、看似无害的话甚至可能变成灰浆，把墙砌得更牢。正是因为这个，你需要在见任何一位客户前做好功课，准备、准备、再准备。

苏和杰瑞夫妇家的车道上可能停着一辆沙滩车，或是一辆野营拖车。除非你看见了他们夫妇俩一起在户外玩的照片，否则可别瞎猜。或许是杰瑞和他的哥们儿喜欢户外运动，而苏留在家里，或是不想去。不管是哪种，沙滩车和拖车都有可能是砌墙的砖块。你最好先找点其他的共同点，比如说他们家有多漂亮，或是聊一聊介绍你们认识的中间人。随着谈话的深入，你可能就会对他们户外探险的爱好更加心中有数了。

你要竭力避免用天气作为共同话题，除非真的出现很异常的情况。懒惰的销售员才会跟人谈天气。有很多话题都比它强。

此外，以防你从没听见过这个忠告，我要说一句：别谈有争议的话题。不要跟新认识的人谈起政治、宗教或消极的时事。

在我写作这本书的时候，人们一谈到糟糕的事情，就要来一句“都怪经济形势不好”。我实在是太讨厌这句话了。在生活和工作中遇见麻烦的人拿这话当借口，我听见就来气。就像我们专业销售员干的是跟人打交道的工作一样，正是当地、全美国和全世界的人造就了这个世界。“经济形势”不是什么伟大的外部力量，能让我们作出本来不愿做的事情。我要在这里把自己的想法说出来，不涉及任何政治层面，只说个人这部分。没错，是有些人由于某些不可控的外力而失去工作，但他们因此受的苦在更大程度上要归咎于未雨绸缪的能力不够强。世上有些人遇上了财务或其他问题，这是因为他们以前作出了糟糕的决策。这是自己的事情，除了那个每天早上在镜子里看到的人之外，他们谁也不应该怪罪。

我们当中有太多人变得贪婪，去冒风险。在没出事情之前，我们都没作好准备。我们没有承认自己昏了头，而是怪罪外部原因，还乞求政府出面解决问题。著名的幽默艺术家威尔·罗杰斯谈起糟糕形势的时候说过这么一句话：“如果是愚蠢这玩意儿把我们推进了这摊破事里头，那它为什么不能把我们拉出来呢？”

如果你发现自己掉进了肮脏的深坑，在期待别人给你扔个安全网、把你救上来之前，请先想想你是怎么掉进去的，你能做点什么来拯救自己。对那些取得了真正成功的人们来说，个人责任感是最首要的素质。

你要明白，你和客户刚开始接触时定下的基调，会奠定后面几个销售步骤的基础。这个基调应该是温暖友善的，这有助于营造融洽的沟通气氛。你们谈话的中心应该是解决方案。无论客户面临的情况有多糟，你是来帮助他们，把事情变好的。他们采取了正确的行动，给你打了电话，或是接受了你的拜访。客户和你见面，应该是朝正确的方向迈出了一步。

随着你逐渐进入展示阶段，另外有些砖头出现了。你的演示材料必须摆得整整齐齐；产品手册上不能有折痕、破损，印刷质量要好；你的笔记本电脑应该是干干净净的，屏幕桌面上的图标排列井然有序。事实上，电脑桌面上的图标应该只跟这次会面要用的材料相关。桌面背景应该简洁，不会分散注意力。

你可能会觉得这无关紧要，可是，如果你像大多数人一样，把最喜欢的、心爱的人的照片当桌面背景，这很可能会引起潜在客户的负面情绪。

如果你有个漂亮的宝宝，可他们没孩子……

如果你在海滩上度过了美妙的假期，可他们好多年没度过假了……

如果你手里正举着一杯啤酒，而他们坚决抵制饮酒……

如果某件事情可能会让他们不爱听你说话，或是分散他们的注意力，无法好好看你展示，你就别做。绝对不能做。任何可能分散注意力的事情只能是出于某些跟销售有关的目的由你主动做出来。你希望他们想听你说话吗？如果你把全部精力都放在服务他们的需求上，他们会想听你说话的。每一秒钟，他们的情绪都可能发生变化，这要看他们看见了什么、听见了什么。我们要避免任何负面情绪的出现，只创造积极正面的感受。

我们来看看，你打算给潜在客户展示些什么。如果你有个标准的演示文档，又决定不给约翰和玛丽夫妇或采购员莎拉看到其中的少数页面，你就会勾起他们的好奇心：为什么我会看见这个东西？我错过了什么？更好的方法是，做一个最精简的演示文档，然后把额外的资料放在触手可及的地方，当你深入了解到他们的需求时，如果你觉得应该告诉他们，再打开给他们看。你在交谈的时候加入相关信息，人们不会觉得怎样，但如果某些内容就在他们眼前放着，你却跳了过去，或是不作任何解释，他们就会起疑心。在教育客户的过程中，任何怀疑都会引发客户的担忧，让他们怀疑自己的决定，然后延缓决策。

如何应对客户的异议和顾虑，这也会对抗拒心理有影响。客户的顾虑未必都是砖块。请不要预先作出这种假定。绝大多数的顾虑只是因为客户想澄清你的意思，客户需要透彻理解你说的话。有时候，潜在客户提出问题和顾虑，只是为了让销售进程减缓一点儿，好让他们为购买决定——他们觉得非做不可的决定——找个理由。

当你听到异议的时候，如果你的态度发生了变化，变得更加咄咄逼人，或是为自己争辩，你就是在给客户递砖头，还亲自挥舞着抹水泥的小铲子。听见异议的时候，绝对不要申辩。只需把它看成是“客户想多了解点信息”就行了。处理异议的时候，你越是冷静，客户就越有可能保持平稳的情绪状态。

还有些潜在的砖块是：展示的时候出了技术故障、要求成交的问题提得太早、念错或拼错了人名、讲了不得体的笑话，或是在错误的时机讲了笑话、粗鲁地触及了客户的隐私。

运用本书中讲到的这些积极策略，你就能不停地拆掉这堵抗拒之墙。有些策略只能帮你拆下一两块砖，有些策略会推倒一大片。把这想象成游戏好了。你拆砖的速度能不能比他们垒砖的速度快？你的言行是在帮他们砌墙吗？当你发挥出最高的专业水准时，可用的砖块是如此至少，以至于你和客户之间完全没有这堵抗拒之墙了。事实上，你们双方很快就会发现，你们是同一个阵营的。

糟糕的决策者

当你必须要选择，却不去做的时候，这本身就是一种选择。

——威廉·詹姆斯（William James）

在你的销售生涯中，你肯定会遇到几个糟糕的决策者。无数的人终其一生完全没作过决策，或是颇为频繁地作出糟糕的决策，多悲哀啊。人不可能每次都作出正确决策，但也有些人太害怕承担作决策的责任，以至于让别人为自己安排人生。有些人害怕作出错误决策，以至于会躲避那些不得不作出决策的情境。让别人决定你的人生——混迹在人群中，而不是站出来，作为一个独立的人来面对人生——这是多么悲哀啊。

如果你做的是B2B的销售，但愿你不会碰到太多决策能力低下的采购员。毕竟为公司作出明智决策是他们的工作，但我们无法保证百分之百都是这样。我的有些学生跟我讲过一些采购员的故事，有些人作决策的方式的确很奇怪；有些人对销售人员开出难以置信的条件；有些人的行为几近犯罪。这种事总是有的。

尽管你很努力，但你不可能拿下每个潜在客户。尽管你打心眼儿里知道，你的产品比对手的更好，但有些人还是会选择你的对手。他们对你的产品的热情没你那么高，有些情况下，他们对产品的评判标准可能和你的不一样，或者他们没看到某个产品功能是多么有价值，而这正是产品的亮点所在。

如果采购员作了一个你坚信是错误的决定，就大方地放开这笔生意，祝福他们一切顺利，并取得对方允许，可以时不时地联络他们一下。如果你对形势的评估是对的，他们最终会发现自己错了。你肯定希望时刻准备着那一天的到来——他们回来找你购买更好的产品和服务（但用不着屏气凝神地等着，没那么快）。他们回来找你的时候，你要当心，千万不要沾沾自喜，认为你对而人家错。你只需感谢这次新机会，为能够服务他们的需求而感到荣幸就行了。

如果采购员的决策真的很糟糕，那家公司或许会有个新的采购员来找你。如果真是这样，尽管你自认为和这家公司已经打过了交道，但你也应该把它当做全新的客户来处理。因为新的采购员很可能会觉得自己是在收拾前任留下的烂摊子。你不想到处嚷嚷这烂摊子里有你一份吧——尽管他们从没买过你的产品。

此外，永远不要说前任采购员的坏话。他们尽管离任了，但仍然有可能影响到销售结果。如果有人问你前任采购员怎么样，你要保持中立的态度，别留下把柄。你可以使用这种措辞："她作决定的方式挺有意思的。"或者，"他工作好像挺努力的。"不要发表实质性的意见，这样你就不用担心会给新人留下不好的印象了。

无论你面对的是企业用户还是个人用户，这些决策者都希望对自己的决策有信心，希望他们挑选的产品和服务能让自己满意，也希望得到优秀的售后服务。你在销售展示中所做的一切，都要准确无误地把这些表现出来。你甚至可以在演示的时候插进一些这样的评论：

"这项功能让您对今天的讨论更有信心了，不是吗？"
"玛丽，这些信息解决了你关于……的顾虑了吧？"
"看到了情况有改善的可能，您肯定感觉好多了，不是吗？"
"您对产品线作了这么深入的调研，真是太明智了。"
"把您的需求列得这么清楚，这感觉是不是棒极了？"
"您很高兴我们今天分析到了这个问题，不是吗？"

提出这些问题，就是为了让客户对此产生良好的感觉——他们见到了你，也知道了你的产品跟他们的需求有关系。你的任务不只是推介产品，还要让决策人觉得开心，要让他们脑海里的图景比作出决策之前（也就是见到你之前）更美好。你要让他们感觉到，比起现在的处境，决策带来的结果肯定会让他们更加舒服自在。

当人们不舒服的时候，他们会采取许多行动。整体说来，无论是在身体上还是心灵上，我们都希望能过得舒适自在。当我们感觉到任何形式的痛苦的时候，大脑就会自动运转起来，开始考虑能做些什么来缓解痛苦（如果不能彻底清除痛苦的话）。唯有当我们被迫接受改变，或者不曾预料到它会到来的时候，我们才会把改变视为痛苦。

我会教人们克服四种"阻碍行动"的因素，改变之苦就是其中之一。你或许会对此感到惊讶，但是，想克服人生中所有的改变之苦，你只需做一件事：好好想想你为什么要作出改变。你想达到什么目标？一旦实现了目标，你会有什么感受？如果变化的最终结果（也就是你的目标）激发了你实现目标的欲望，那么，这个目标就变成了你必须得到的东西了。当你必须得到某个东西的时候，得不到就变成了痛苦。"改变是痛苦的"已经演变成了"维持现状是痛苦的"。

学着把这个方法用在决策者身上，你很快就会发现，开心的客户越来越多了，他们对你的产品和服务感到非常舒服自在。

客户怕什么？

经济形势低迷的时候，你必须要工作得更辛苦，对那些由于害怕而迟迟不敢作决定的潜在客户要更加有耐心。在美国历史上最为暗淡的时期里，富兰克林·D·罗斯福总统（Franklin D. Roosevelt）曾说过：“我们唯一需要恐惧的，就是恐惧本身。”

恐惧会让人动弹不得。想想被车前灯照到的鹿吧。行驶过来的车子亮着大灯，晃得鹿什么都看不见，因为害怕，它们的反应就是一动不动。要是它们往任何一个方向动一动，司机就会下意识地往相反方向开去，结果无论对人还是对动物，都要好得多。

当某人害怕作出决策时，你会发现他们会采取一些拖延战术，比如“我想再考虑一下。”“我要好好想想。”“我需要和委员会商量一下。”（哪怕你从来不知道还有这么个委员会）。“我打算等上30天、60天，或者是三个月再作决定。”“回头我给你打电话。”“我要跟别人商量一下。”“我还没准备好作决定。”“决定之前我想再多了解一下。”“我想再逛逛。”

当你听见潜在客户说出这些话的时候，你的任务就变成了“找出恐惧的根本原因”。要是销售工作变得有点像当心理医生了，那你在很多方面就走对路了。这个行业里有很多微妙的东西，我后半辈子也写不完。

那么，客户在怕什么？有人害怕作出糟糕的决策，害怕丢面子，但你必须具体分析每个客户的情况。

约翰和玛丽担心作出每月付200美元手机话费、再签订两年服务合同的承诺。如果他们作出了决定，又有另一家信誉不错的公司推出更好的服务套餐该怎么办？他们会有什么感觉？他们会怎么做？

比尔想订购5 000个零件（因为这样价格最低），但如果随后销售势头减缓，库存就得积压好几年。他是不是在担心这个问题？

我们知道没人能预测未来，但我们这些专业销售员必须尽最大努力，为客户描绘一幅积极的图景——一旦他们购买了我们的产品，就会非常满意。

再强调一遍，我们要始终牢记，这个产品必须对客户真正有好处。我们可不想让他们在一个月以后找上门来说："我真不该作出那个决定。"尽管那个决定是他们自己作的，但他们可能仍会对你不满——因为你也参与了。如果最初的决定对他们没有好处，你很可能会失去跟他们长期合作的机会、他们的尊敬，以及本可以到手的推荐生意。

在展示方案的时候，你很可能得这么说："鲍勃，萨莉，没人能预知未来如何。今天我们在这里讨论的方案，是为了解决今天的问题。我希望我能预测出未来30天或90天会发生什么事，然后根据未来的情况给你们提出建议，但我只能帮你们解决今天提出的需求。"

有些客户的恐惧感特别强烈，你得把未来可能会出现的不同状况讲给他们听。"如果未来是乐观的，那么这就是最好的解决方案。""要是以后的情况会变差，比较好的选择是……"然后你把对目前状况最有利的方案说出来，这个方案应该是介乎两者之间的。绝大多数人会选择这个中庸的方案。

如果你觉察到客户想要采取拖延战术了，那你需要用点策略，让他们明确表态。你可以问这几个问题：

“如果不在今天作决定的话，你觉得什么时候比较合适？”但愿你在判断客户是否合格的那一步就知道了答案。如果你心里还没数，那你现在肯定也想知道。

“您觉得未来30天内可能会发生哪些影响您作选择的事情？”或许是新财年开始了，或许他们马上要促销。如果是这样，他们就会有钱买你的产品，否则他们就买不了。潜在客户可能会不大情愿把这些事情告诉你，但是，如果到目前为止你做得都不错，你绝对有这个权利去问。

“委员会下次什么时候开会？我很愿意给他们作演示，这样我就可以回答所有人的问题了。”永远不要让潜在客户把你的方案拿给其他参与决策的人看。你要尽一切努力亲自作演示。这样的话，你可以看到对方的反应，回答所有的问题。要是你没这么做，下次跟客户见面的时候，你就会听到这种话：“哦，我把所有的细节都和××讲了，我们觉得这产品不适合我们。”你至少要获得客户的同意，让他们转交你亲自准备的资料。你要确保把跟这位客户见面的一切细节都写进去，不要漏掉任何一处。之后你唯一的挑战就是，另一个人是否真的仔细研读了你的资料。

如果潜在客户想再四处看看，或是去比比价格，你就这么说：“因为我对这个行业比较了解，所以，如果您觉得在作决定之前，应该再调查一下，或是比比价格，我很乐意帮忙。”把自己放在助手的位置上——一个能帮助客户更容易、更高效、更省时地作出比较的人。

用上这些问题和陈述，你就能准确地识破客户的意图了。如果他们是在拖延，那事实就昭然若揭了。如果他们真的需要等等看，你就尽可能地收集信息：为什么要等、还有谁要参与、还需要什么资料，这样一来，你就可以继续留在游戏里。你永远不要在听到客户的托辞之后两手空空地走开。否则，这就等于你在出门的时候，还留着门让竞争对手进来。

你的目标是找出客户恐惧的根本原因。让他们止步的真正原因是什么？是因为他们钱不够，却又不愿承认吗？如果是这样的话，你的公司能接受短期的赊账吗？按月付款行不行？如果客户承诺在三个月内买足最低进货量，公司能不能考虑先给他们发一点货？你始终在寻找解决方案。这些方案必须是你的公司能接受或愿意接受的，但你始终要寻求解决之道，哪怕是拿到最小数额的订单也行，免得一笔生意也没做成。

要点总结

- 你已经学会了如何控制忧虑。
- 你把销售中的抗拒心态看做一堵墙。你知道砖块是如何垒上去的，也知道该如何防止这种现象发生。
- 你做的每一件事、说的每一句话，都会影响到客户是否喜欢你、信任你、想听你说话。
- 你认识到客户在作决策的时候会拖延，也知道该如何作出反应。
- 你帮助客户明白了今天只能解决今天的问题，没人能准确预测未来会怎样。

第九章

从竞争对手那里赢得客户

商业是个很不错的游戏——竞争对手一大堆，规则却少得很，金钱就是分数。

——诺兰·布什内尔（Nolan Bushnell）

你所在的行业蒸蒸日上的时候，客户数量足够多，因此，在争取那些已经跟竞争对手合作的客户之前，你会先去攻克容易的生意，但总会有些大型的客户值得你去争取。

在形势低迷的时候，想买你产品的客户可能就没那么多了。这就意味着，把客户从竞争对手那里争取过来成为值得考虑的重要手段。你需要使用一些策略，让客户离开对手，转而跟你合作。

当形势一片大好，你也手握新潮或创新产品的时候，你用不着过多考虑竞争对手的问题。总体说来，可做的生意多得很，你不会有太大的竞争压力。换句话说，你（或你的公司）是行业里的领头羊，你最关心的是把现有客户和主动找上门来的客户服务好。这是个美妙的时期，我非常希望你在销售生涯中多次遇到这样的情况。

可是，当不成领头羊的时候，你不仅要往前看，你还需要往旁边、往身后看，了解别人是怎么赢得市场份额的。此时，你偶尔需要在高度紧张和兴奋的状态下工作，和同事们拟定竞争战略，去争取重要客户的订单，也要把对手的报价分析透彻。相信我，要是你对竞争的态度十分积极的话，这种经历是非常刺激且极富挑战性的。

举个例子。我有个学生，他所在的行业竞争非常激烈。他和一个对手好像总在竞争同一笔订单，有时他找到了一个合适的客户，却发现对手已经捷足先登，签下了单子，这让他郁闷极了。

他决定挺身迎战，不再让竞争对手折磨自己。他找出了那位对手的姓名，到对手公司的网站上找到了那个人的照片，然后打印下来。从那天起，他就把这张照片放在了口袋里。

别担心……这个故事的结局不变态，也不悲剧。我的学生把对手的照片当做激励，每次感到困倦的时候，他就想想那个家伙；有点想打退堂鼓的时候，他就伸手到口袋里把照片掏出来，盯着对手的眼睛看。他知道这个人干得出色，如果自己想要为公司打下一片江山，就必须努力工作。

当你知道对手正跟你竞争同一个客户的时候，你会有什么反应？你会尽力说服潜在客户不要跟对手公司做生意吗？你会说对手的坏话吗？竞争会令你发愤图强，更好地为客户服务吗？你会尽力比对手做得更优秀，力图赢得潜在客户的信任和订单吗？

你已经读到了这个阶段，肯定也猜出来了。走正道，一向是更好的取胜之道。永远不要诋毁对手！不要跟客户说对手的坏话。不要跟同事们说，甚至连你独处的时候也别想这个问题。那是个死胡同。你宝贵的销售能量一丝也不该浪费在这种事上。

知道自己有对手，这应该是个强大的动力，除此之外别无任何其他意义。它应该激励你时刻保持巅峰状态，激励你使用创新的工作方法——要与众不同。请记住，在销售中，与众不同是好事。与众不同能让你在客户见过的众多销售员中脱颖而出，能让你容易被客户记住。做出与众不同的事情，你很快就会发现，你已经比对手领先一步，到达了潜在客户的门口。

正如我们在前面章节中提到的，对手公司可能会因遇到困难而倒闭。那个之前被你在客户面前说过坏话的销售员，如今成了你的同事。你肯定不希望碰上这种事情吧。反之亦然，要是你的公司倒闭了，你肯定不愿意去那个被你诋毁过的公司找工作。要是你一直走正道，这种后患就不会存在。

所以，回归正道吧。你应该怎么对付竞争对手呢？首先，你要像了解自己的公司一样，尽可能去了解对手公司的产品、服务、做事情的方式。别怕，如果你真的一心想把销售做好，拥有过硬的专业知识，好好服务客户，你会发现这些信息很容易得到，而且远比你想象中有用。

除非你有特别典型的A型人格[①]，否则不必急于求成，想一步就做到位。只要每天留心跟竞争对手有关的东西就行了。我建议你在记事本上或电脑里给每个竞争公司都建个档案，把收集到的信息保存下来，这样用的时候就很方便查找。你很快就会发现，

① 人们对人格特质的一种区分方式。A型人格的人比较没耐心、进取心特别强、希望在最短时间里做最多的事情。相对的B型人格不紧不慢、较好相处、紧迫意识没那么强。——译者注

你相当了解他们的产品，知道你们产品的差异。你会知道他们的做事方式，了解你们双方做的方案有何异同（希望是你们的方案更好）。这些知识会让你把销售演示规划得更合理。透彻的理解能让你清楚地为客户作出对比和解释。

你的公司和对手公司身处同一个行业，追逐同一类型的客户，但你的产品信息可能从没按照“方便客户对比”的思路整理过。双方产品放在一起对比的时候，你需要知道每一处异同，而且能展示给客户看。这对你的成功是至关重要的。你甚至需要带着客户去浏览竞争对手的产品说明，帮客户理解得更清楚。客户可能会认为，这不过是个简单的对比罢了，但你知道这绝不简单。客户心中的疑虑会使你的销售失败，别让这种情况发生在你的身上。

和竞争对手的产品进行对比时，你应该使用他们的宣传材料、他们的规格标准，或是使用独立第三方的信息。如果你亲自制作了对比图表之类的资料，看上去可能很不错，但客户可能会怀疑你篡改了数据。如果你告诉客户，如何从对手公司的产品手册或网站上读懂产品信息，并且跟你的产品进行对比，这样做的说服力会更强。

预料到客户的异议

不要否认竞争对手的存在。不要忽略他们的存在。回到我所说的“与众不同”的话题上来，我建议你提早预料到潜在客户的想法：想再四处转转，看看竞争对手那里有什么类似的产品。他们不这么想才奇怪呢。事实上，提出竞争话题的人应该是你。这可不是疯话。不去处理客户关于竞争对手的想法，却一心期待着成交，这才叫疯狂。

既然你知道客户肯定要跟你提起对手的产品，那就预先作好准备，自己主动提出来，然后顺畅地把这个问题解决掉。这会让你处于掌控地位，客户不会随后用这个问题来阻挠销售进程的。

在你研究完竞争对手之后，你就可以对下一个潜在客户说："巴特勒先生，我知道我们不是唯一销售这种产品的公司。我们也知道，您可能想再多看看，对比一下几家产品的功能和价格。正是因为如此，我的一部分职责就是要像了解自己的产品一样，了解对手的产品，这些调查是相当费工夫的。为了帮您节省时间，我很乐意帮您逐个对比。除了我们的产品，您还对哪家的产品感兴趣？"会有少数特别固执的客户执意要自己去对比。可是，许多人会很愿意听你讲，毕竟他们已经拿出了宝贵的时间跟你交谈了。他们知道你是行业专家，也知道了解同行业中的类似产品是你的工作。

作出购买决策的时候，绝大多数人都想先了解理论和实际操作两方面的知识，然后作出决定，之后就开始享受产品带来的好处了。如果你可以提供一站式服务，帮他们完成这个辛苦的工作，同时还能证明自己很可信，那他们何乐而不为呢？

跟我一起写书的销售培训师劳拉·拉曼在教一门她称之为“关上竞争之门”的课程。她是这么说的：

“有个好方法可以帮你发现客户是否在考虑其他的可选产品，把下面这个问题记牢、练熟，然后用友善的态度问出来：‘巴里，你觉得我今天可以帮你对比哪家的产品呢？’很多销售员从来不问这种问题，因为他们害怕这话一出口，就相当于告诉客户还有其他选择，没准儿客户最后就买别家的产品了。如果你的产品或服务跟市面上绝大多数商品差不多，你的客户其实是不太清楚情况的，并不知道还有其他公司也卖同样的产品。你把这个问题实事求是地先说出来，主动提出帮客户作比较，这相当于帮客户节省了时间，也让他们知道你没隐瞒什么。

“一旦你知道了他们还在考虑哪家公司的产品，你就用一种胸有成竹的、积极的态度向客户解释，为什么你的产品更好。同时也要让客户知道，你的产品比那几个竞争产品贵（或便宜）。牢记并能熟练地使用这句话：‘下面，我很高兴给您对比一下这几种产品的差异，告诉您为什么这个产品更好——特别是针对您的具体情况——以及为什么我们的价格更贵（更便宜）。’这样一来，在听你讲解的时候，他们的注意力就会放在‘为什么应该买你的产品’上了，不会再去想其他的事情。

“花点时间，给客户列出五到十个你的产品比别家更好的理由。你的产品有哪些别家产品没有的功能？你提供哪些别家没有的服务？是有免费的技术支持、保修期更长、免费更换零部件，还是送货速度更快、曝光率更高？讲解的时候要让客户知道，为什么你的产品或服务值得投资。要把差异之处讲得清清楚楚。

“如果你能够讲得正确得体，又丝毫不带辩解的意味，客户会觉得你的做法很新鲜，往往会以购买作为回报。”

要是客户告诉你，他们在考虑其他品牌或型号，那你就问问他们为什么会看中那些产品。或许他们以前买过那个品牌的其他产品，也可能是某个信得过的亲朋好友买过，推荐给他们的。

这一步你要谨慎行事。你不能诋毁竞争对手，也永远不要诋毁别人给潜在客户提出的建议。相反，你的任务是教育客户，让他们结合自己的需求，自行得出结论。永远也不要暗示说，提建议的那个人出的是个烂主意，或者说人家不了解情况。还记得上一章讲过的“抗拒之墙”吗？这一步没做好的话，你就会发现自己又返身回去砌墙了。更糟糕的是，你还给墙上添了一扇很不错的窗户——一个让竞争对手破墙而入的好机会。

要是潜在客户还没想好有哪家的产品可以对比，你就这么说：“我们有很多满意客户是把这个型号跟XYZ公司的200系列作对比的。他们发现……”基于你对那个产品的了解，进行简明扼要的比较。然后，引用一段满意客户的褒奖——这位客户很高兴选择了你的产品，而不是对手的。

你要知道，当你跟任何一位潜在客户探讨产品的时候，竞争对手就悄悄地坐在角落里。与其让那位对手干扰你的销售，还不如邀请他一同来参加这个派对。毕竟，当你坐在客户面前的时候，派对的主人就是你，你来决定这个派对该怎么进行下去。如果你真的了解自己的产品，对手的信息应该是个催化剂，可以促使客户选择你的产品。

如果现有客户想转投对手公司

你正给某家公司的采购员芭布·克兰德尔打电话，这家公司是你最大的客户。这是次常规性的联络，你打算看看这家公司的情况，跟芭布敲定下一笔订单。芭布跟往常一样和气，但说到下单的时候，她犹豫了。她说公司的业绩不大好，但她没有暗示说这是否会影响到你们的合作关系。此时，警钟应该敲响了。你需要试探一下，看看是否有其他变故出现，比如芭布对你们产品的需求或品牌忠诚度发生了变化。

“听到你们公司也受到了行业低迷的波及，我很难过。但你们好像正在作出明智的决定，帮助公司走出困境。你们公司的服务质量很高，应该有足够大的市场空间，让你们安全度过困难时期。”

“谢谢，我们对近期的销售额有点担心，得格外谨慎才行。”

“可以理解。放心吧，我们是你靠得住的合作伙伴，肯定会尽力帮忙的。你们这个月的采购量会不会变？”

“呃，因为情况有变，所以我们决定去别的供应商那里看看有没有新机会。”

完蛋了！绝大多数销售员听见这种话会完全不知所措。他们会结结巴巴地说“哦，这样啊”，然后，他们可能完全没听进去芭布下面说的话。相反，他们听见了工资单缩水的声音，因为他们失去了这个客户。

遇到这种消息的时候，专业销售人员的表现会跟驾船很相像。他们不会因风浪而停滞不前，而是换个方向前进，尽可能多地了解变化背后的原因。除非你知道是什么导致了变化，否则你无法作出反击。

如果你已经真的尽力服务这位客户了，而且他们对你的产品也很满意，你有权提出问题。要是你的服务质量或产品质量下降了，那你理所当然应该接受任何变故。

我们来分析第一种情况，也就是你一直提供高质量的服务。如果你得到了应得的提问机会，你会问什么问题？首先，你不要站到自我辩护的位置上。这会让你显得像是个委屈的小娃娃，而不是成熟稳重的专业人士。你应该直接又坚定地寻求信息。要留住这个客户，信息是你的生命线。

如果采购员告诉你，他们公司正在考虑寻找新的供应商，你肯定希望自家公司的名字出现在这个清单上。事实上，你应该主动提出帮助他们作调研。毕竟，你是个行业专家，比起芭布来，你对竞争对手和他们的产品了解得更深入。你可以向芭布提出一个建议："形势发生变化的时候换个思路，看看其他的供应商，这个想法很有道理。你看中了哪家公司或哪家的产品？"

"嗯，我们已经找了一家公司在谈。事实上，我们让他们先做个方案看看，所以我打算把咱们的下一张订单先放一放。"

"我理解，芭布。我在为公司做销售的同时，也在尽全力密切注意竞争对手的动向。所以我掌握了别家公司产品和服务的大量信息，其中包括产品价格。我知道你们已经在跟另一家供应商在谈，但为什么不让我帮你来对比一下呢？毕竟，我现在相当了解你们公司的需求。事实上，如果你告诉我你在考虑哪家公司的产品，我很高兴帮你把它跟我们公司的产品，也就是你已经很满意的产品进行比较。外面肯定有更便宜的选择，但我们都知道，你的客户希望买到高质量的产品。让我帮你评估一下吧，没准我能作点小调整，让你在质量上能接受，也能省下足够的成本，帮你渡过眼前的难关。"

如果她同意了，那你就有得忙了。但是，如果这家公司是你的大客户，这么做是值得的。当然，你的目的是帮助他们认识到，继续跟你合作是最好的方案。或许你有质量稍差些的产品，可以让他们暂时先用一阵子。或许你可以回去跟销售经理商量一下，想些权宜之计，比如暂时在小批量订单上也给他们大订单的折扣，帮他们先解决难题。一旦你得到机会，你会发现自己能想出很多有创意的方法。你的任务就是说出正确的话，得到这个机会。

要是竞争对手真的已经挤进门来了，你要保持冷静，机智而得体地处理问题。但愿你已经很了解对手的产品了，如果还没有，现在是时候研究它们的优缺点了。

接下来，你需要回顾一下和这个客户合作的历史，想想你是如何为他们服务的。你用不着像准备法律文档似的，把日期、事情经过和数字都列出来，但你要确保事实准确无误。如果你曾经凭借自己的知识帮助过客户，这很重要。你明白，他们不仅仅是在考虑换一家供应商、换一种产品，他们也在考虑换个销售员，想找一个人来替换你。他们可能没想到的是，如果找个新销售员，他们就会失去你的学识和技术了。当一家公司选择了你的产品或服务的时候，他们不仅选中了你的公司，同时也选中了你。你是一个非常关键的因素，希望你这个因素足够有价值，能让他们慎重地考虑究竟要不要放弃你。

重要的是，你要在客户跟对手的销售员、产品和公司建立起感情之前采取行动。还记得我们之前关于购买决定的讨论吗？人们总是先用感性作决定，然后用理性来为自己辩护。你需要在情感尚未发生变化时采取行动。如果合适的话，要求和客户见一面，讨论一下需求的变化。面对面总是上策，其次就是开个电话会议。

我已经说过了，别把这件事弄得像是你在争抢生意似的。你是行业专家，你需要保持专家的风范，并且帮助客户认识到你继续为他们服务的价值。

如果你感觉到客户已经倾向于竞争对手了，你应该建议客户谨慎行事。建议他们查查那家公司的口碑，再和正在使用那家公司产品的公司聊一聊。你这么做是出于对客户的关心，而不仅仅是担心自己失去客户。

如果客户决定要换供应商，此时你需要拿出风度来。不要把关系弄僵，不要表现出你认为他们大错特错的样子，你只需获得客户的同意：在这个过渡阶段跟他们保持联络。你的所有举动都出自对客户的关心。你希望自己能为他们服务，但是，如果他们选择换一家公司，那么你希望他们一切顺利。如果事情不顺，你会在一旁等着，随时给他们再次提供超凡的服务。

我强烈建议你在30到60天内，和每一家转投对手的客户保持联络。如果你能直接找到他们，那最好，但如果你只能在语音信箱里留言，你可以这么说："芭布，我是汤姆。我打电话来，只是想看看你跟新供应商合作得怎么样。你知道，在让你满意这个方面，我可是很执著的。如果你很高兴作出这个调整，那太好了！如果你有任何不满，你要知道，我随叫随到。我很乐意帮你再作一番深入调查，或是再次亲自为你服务。"

相信我，这种情况会出现的：长期跟你合作的客户换了另一家他们觉得更好的供应商，但过不了几星期或几个月，他们就意识到还是你好。你的服务态度会让他们回头来找你。其余的任何态度都会让他们觉得没面子，不好意思再回头。如果你把他们的情绪放在第一位，你会发现自己像一个迎接归家浪子的父亲——如此开心地欢迎他们回家，以至于他们自己也为此兴奋激动。和客户保持联络，做好跟进工作，这会帮你从竞争对手那里重新赢得客户。

从对手那里赢得新客户

对于那些已经在跟对手公司合作的公司或个人，你该如何去争取呢？首先，你要遵循“3P原则”[①]：招人喜欢、专业能干、百折不挠。要是前两条没做到位，第三条也没用。

你别指望给竞争对手的客户打了一通电话之后，客户就顺顺当当地跟你合作起来了。这种可能性也是有的——竞争对手没有好好为客户服务，所以客户正等着“催化剂”出现，好改弦更张。但你别奢望能经常遇见这种事。

绝大多数情况下，你第一次打电话时会碰到这种答复：“谢谢你，但我们不需要。”初次联络的目标不是要卖出东西，而是让客户开口说话。因此，永远不要在第一次电话中推荐产品，你应该提问。如果你打给某家公司，就问前台接待员，是谁负责采购同类型的产品，然后请人家把电话给你转过去。如果你打给直接消费者（假设你没有违背任何“不得电话骚扰”的禁令），就问问他们是如何作出同类型产品的购买决定的。要记得，首次给客户打电话时，你应该问一些能让他们思考并开口说话的问题。

如果你销售的是庭院养护、清扫停车场，或是保洁服务，你可以这样说：“您好，马修斯先生，我叫汤姆·霍普金斯。我知道您的工作是确保公司有个干净整洁的环境，给客户留下良好的第一印象。”但千万别这么说：“我听说你是管保洁员的。”你说的每一个字都跟客户的情感有关联。马修斯先生或许是保洁员的

① 即Pleasant（愉快），Professional（专业），Persistent（执著）。——译者注

主管，但这份工作的最终结果是让公司客户对这家公司有个好印象。绝大多数人很快就能看出大楼是否窗明几净，但很少有人去注意那些拿着喷壶、抹布和拖把，维持环境整洁的人。

想接近对手的客户时，知识是你最有威力的法宝。你对竞争对手的产品和做事方式的了解，会帮你跟客户展开谈话。“我知道您现在用的是绿洁公司的产品。您用得最多的是哪一种？是擦擦净还是清洁灵？”能说出产品的名字，说明你了解对手。你不但了解他们的产品和产品的效果，而且知道自己的产品哪方面更好，或是便宜多少。

给客户打电话的初期阶段，你的主要目的是跟客户说上话，并且取得客户同意，以后你们可以再次联络。根据你的产品情况，你可以送他们一些试用装，跟目前使用的产品加以比较。如果你的产品属于无形产品，就征求客户同意，给他们发一些资料，比如你的产品和对手产品的对比材料，或是你们推出了诱人的新价格和新产品。一旦你跟客户取得了联系，很可能你只需再打一个电话，就能让客户考虑你的产品，或许你还需要再打七八次电话。试图把竞争对手推倒的时候，你需要抽走小小的但位置关键的砖头，动摇对手的地基。别指望一脚就把人家踹倒。精心计划一下，进入对手客户的办公室、客厅和内心。千万别野蛮闯门！

最初，潜在客户很可能认为你不过是个烦人的家伙。你会听到这种回答：“我们不感兴趣。”“我们对现在使用的产品很满意。”“我们不会作出任何改变的。”没关系。想想关于“客户拒绝”的那一章，把这些回答当做推托之辞就行了。只是这些客户还不太了解你，不知道他们是多么需要你。

要记住，关键在于百折不挠。只要你讨人喜欢，做事又够专业，你拿出恒心和毅力来的时候，客户没理由粗鲁地赶走你。你的坚韧会让他们对竞争对手的服务产生些许怀疑。如果对手公司的销售员很少跟客户沟通，客户可能就会很乐意接受你的关注。你希望客户喜欢你，然后，你要说到做到，建立起信任。一旦信任关系建立起来，客户就会想听你说话了。

以下是一些对付最常见的推托之辞的话。这些话的目的是把销售进程往前推进——赢得下一次沟通、联络或讨论的机会。

1．“我们不感兴趣”

“凯莉小姐，听到您这么说，我一点儿都不惊讶。毕竟您已经跟××公司合作了相当长时间了，他们的服务肯定很不错。但你也知道，咱们生活在一个充满变化的世界里。我只是请您保持开放的心态，您有可能用更低的价格得到同等质量或更好的服务。我的大多数客户就是因为这个原因，改用了我们的产品的，而且都很满意。我能只提一个请求吗——给您寄个样品试用一下好不好？（给您发份资料好不好？/以后再联络您好吗？）”

如果客户同意跟你保持联络，说明你已经勾起了他们的好奇心了。你的沟通或许会让这个客户找到现在的供应商，提出一些尖锐的问题，比如，为什么没把最新的行业资讯发过来，为什么没有试用装等——希望这些问题会让对手如坐针毡。

2. “我们对现在使用的产品很满意”

“这真不错，加里。能跟我说说，在他们的服务中，你最喜欢的是哪一点吗？”

“嗯，我挺喜欢那个销售员的。他给我们发了好多有用的信息。”

“这些信息是专门针对你的需求整理出来的，还是泛泛的行业消息？”

“就是泛泛的行业消息，像简报似的那种，可我的确从中学到了不少东西。”

“真不错，加里。有件事我很好奇：你和ABC公司合作多久了？”

“大概五年吧。”

“五年啊。还有，你是怎么决定跟他们合作的呢？”

“上一家供应商要涨价，所以我们决定再找别人看看。我们看中了两家，因为ABC的价格更低，所以就选择了他们。”

“问你个问题——既然之前你比较了几家供应商，效果这么好，如果再比较一次，不是很合情合理吗？”

最后一句是很有力的，这话肯定会让客户想一想这么做的好处。当他们同意这件事值得考虑的时候，大门已经敞开了。做你该做的事吧。

3. “我们不会作出任何改变的”

“我理解。想要作出明智的决策，需要做大量的调查工作，这可是个辛苦的工作。我很好奇的是，假如你想作出调整，你最想改善哪一点呢？”

对有些人来说，改变真的是一件很难的事情。你得让他们开口说话，以便找出他们为什么如此抗拒改变。原因可能是他们之前遇到过甜言蜜语的销售员，但最后闹得很不愉快。可能是他们现在太忙，没空想这件事，但30天后或许是个合适的时机，你可以那时候再联络他们。你不应该试图强迫客户接受改变，而是应该让他们想想，对目前的供应商有哪些小小的不满。这就回到了我们之前关于改变之苦的讨论了。你的目标是让他们主动想要改变——因为他们意识到自己对现状有些不满。

要是你想从对手那里赢得客户，你就需要从客户满意或不满的原因入手。即使客户对目前的状况百分百满意，你也可以给他们留下积极印象。这个好印象或许能给你带来推荐生意，或许还能帮你赢得他们的生意——万一不远的将来，对手公司或销售员的情况有变呢。很可能客户喜欢那个产品，但这家供应商把业务员调到另一个区域去了（或是另一个职位），而客户就是不喜欢新来的销售员。客户改变了主意，不是因为不满意产品本身，而是不满意购买的经历。

正如本章开头援引的那段话，商业世界中没有多少既定规则。你有大把的自由去找出方法，从对手那里赢得客户。发挥你的创意吧！

要点总结

- 要像了解自己的产品一样，了解对手的产品。
- 把竞争对手当做激励自己的力量。
- 作好准备，学会把竞争对手的产品信息“翻译”成自己的话，以便跟自己的产品进行一番公平对比。
- 当现有客户开始考虑购买对手产品的时候，你知道该怎么做。
- 你知道该如何从对手那里赢得客户。

第十章
帮助客户克服恐惧的成交策略

除了恐惧，再没别的哪种情绪能如此有效地劫走人们全部的行动力和理性了。

——埃德蒙·伯克（Edmund Burke）

恐惧是心灵劫匪。我想大家都必须承认，人在恐惧的时候很难作出决定——即使你的恐惧跟这个决定完全没有关系。当形势充满挑战，甚至陷入低迷的时候，在你能有效地帮助别人之前，你需要先克服自己对现状的恐惧。

如果你害怕拿不到订单，害怕失去工作，害怕公司关门停业，或者担心整个行业陷入低谷，你就会失去职业风范，无法服务客户的需求。一旦你能够认识到，你所拥有的一切就是当下，是眼前这个有需求的客户，还有手中高质量的产品，你就会冷静下来，作好准备，帮助潜在客户面对他们的恐惧。

客户害怕什么？担心金钱上有损失，这是个强烈的恐惧。在充满不确定性的年代里，人们倾向于节俭。他们会把钱握得紧一点儿、时间长一点儿。他们不会随意作出购买决策，不会买昂贵的产品。他们对新产品没那么感兴趣了，除非这产品能帮他们省钱，或是节省大量的时间。他们害怕作出长期的承诺。他们更容易作出符合习惯的购买决定。赢得他们的信任需要多花点时间，因为他们几乎怀疑一切。对有些人来说，就好像身后有个邪恶的巫师在紧紧追逐一样，他们不敢作出任何改变。

如果日常看到的新闻都是负面消息——裁员、破产、公司倒闭等——你能预料到，你肯定会碰上出于恐惧而延迟购买决定的客户。这些新闻未必和你的行业、产品相关，甚至跟客户所在的行业也没关系。如果他们读到、看到、听到的消息营造出一种恐惧的氛围，你就需要作好应对这种情绪的准备。

使用这一章中讲到的策略，你可以帮客户先把注意力集中在目前的需求和解决办法上，然后采取积极的行动，把生活和事业变得更美好。把你自己想象成一位积极的变革大使，你是位超级英雄，对形势作出评估，帮助人们作出明智的决定。你消除他们的恐惧，促使他们采取行动，改善自己的生活和工作。

去见潜在客户的时候，如果客户一开始就谈起对目前经济形势或行业状况的恐惧，你就要控制谈话的基调。你可以这样说："布拉德，咱们身边有这么多负面消息，而你在考虑作出改变，并采取积极的行动，这感觉不是很好吗？"这种话为你后续的谈话打下了基础，这就好比你在说："消极态度已经够多了，咱们干点正经事吧！"

真正的专业人士会想方设法，利用一切能利用的条件达成目标。人们作出明智决定的时候，负面情绪就会变成积极的情绪。过去的错误可以帮人们在未来作出明智决定。洪水和飓风会带来灾害，但它们也能把人们聚集在一起，规划更美好的未来。几乎你看到、听到的所有事情都能转变成强有力的辅助力量，帮你拿到订单。人们喜欢听那些能帮助他们登上巅峰的故事（得是真的才行)。使用类比也是出色的成交策略。得心应手地运用这些方法吧!

当决策者采取拖延战术的时候

如果你所在的行业出现了动荡，潜在客户可能会采取拖延战术，迟迟不作决定。他们想看看谁能笑到最后，谁撑不下去。某些情况下，这种等等看的游戏可能是明智的，但在另一些情况下，这只不过是拖延了作出正确决定的时间。朝着正确方向采取行动的速度越快，麻烦解决得就越快。

当某个行业出现变局时，谁能幸存，谁活不下来，结局往往不会太出人意料。上市公司有那么多公开的信息，快速分析一下就能得到足够的信息，知道公司的运营情况。所以，“等等看”只是不肯作决定的借口罢了。如果你所在的行业面临困境，而你所在的公司是个上市公司，你可以打印一份最新的资产负债表带在身边。能证明公司健康运转的证据迟早能派得上用场。你每天早上做的第一件事，应该是阅读关于公司的最新消息，以便作好准备，应对客户的问题和顾虑。你应该知道客户读到、看到，或听说了哪些关于你的公司和行业的消息，以便用正确的方式处理这些新闻。

当决策人确实想拖延的时候，你有两个选择：(1) 等待结果——我不推荐这个做法，除非你知道他们有作决定的最后期限；(2) 说正确的话，做正确的事，让他们向前走。换句话说，你应该促使他们表明立场。

如果你是个有经验的销售员，你多半不会相信下面我要说的话。你最初可能看不出某人是在拖延，有些人特别擅长伪装。他们可能会向你索取更多信息，深入地研究细节，张罗安排合适的会面时间。看上去他们是在往前走，但实际上却是在原地打转。

一旦你意识到他们是在拖延时间，你需要问些问题。请客户总结一下他们的想法，请他们谈谈你提交的方案的利弊。留心那些对你有用的信息，客户可能误解了产品的某个重要功能，你可能遗漏了某个信息——没有这个信息，客户就下不了决心。知道他们为什么拖延，这是至关重要的。

有可能他们真的是因为没得到足够的信息，无法作出明智的决定。客户很难主动承认由于他们掌握的信息量不够而无法下决心。他们会感到很不自在，尤其是这位销售员这么和善，又这么详尽地跟他们介绍了产品。然而，一旦客户告诉你是什么让他们犹豫，事情就好办了，不是吗？你只需把“老师”的帽子戴到头上，做你该做的事就行了。

对付爱拖延的客户还有个办法：制造一些“紧缺”的气氛。你的产品近期会不会提价？你可以这样说：“卡萝，你有点犹豫，不太想今天作决定。我理解你的心情。可是，等到下个星期未必对你有好处。今天的报价只在本周之内管用。如果现在作决定，你会省下一些成本，你不觉得这么做更明智吗？”

缺货的压力怎么样？“吉姆，我明白，你希望这次订的数量刚好够展示用的，但你进的这批货卖完了怎么办？你不觉得备点库存更好吗？免得到时候你想要的型号和颜色缺货了。”

客户知道你的产品有组装期，需要提前下订单吗？“考林斯先生，这个设备需要有45天的生产期。如果你需要下个月15日用，那么订单必须今天下，不能再晚了。”

你做的是投资型产品吗？拥有得越早，收益就越多。是保险吗？越早生效越好。试试看，你可以这样说：“凯蒂，威尔，你们越早作决定，家人就会越早受到保护。”这听上去有点像利用人们的内疚心理，但是，如果他们已经认同了你的产品，你也知道这个产品对他们真的有好处，那你需要推他们一下，把合同签好。万一你没去推动，听任他们拖延，又真发生了什么事，你难道不会自责吗？

推动客户作决定的时候，更重要的是客户的利益，而不是你的尴尬感受。当然了，你不会越界，拿出一副咄咄逼人的样子，但有些客户就是不擅长领会微妙的暗示，你得直截了当地提出问题，要求成交。

对另外一些客户，你可以用“假想成交”的方法来推动他们。如果他们没有明确拒绝你的方案，那就继续往成交的步骤推进。你可以说：“帕蒂，我们的产品能很好地服务你的需求。关于这一点，如果你没有更多的问题，你只需要在合同上签字就行了。”现在，帕蒂必须得做点什么才行，不是吗？要么签合同，要么告诉你她为什么不签。无论哪种情况，你都往前迈了一步——要么拿到了订单，要么告诉客户更多信息，进一步证明你的产品能满足她的需求。

“追求”我吧

或许你的客户最近在生活或工作中正苦苦“追求”别人，现在非常享受你给予他们的关注。有些人认为销售中的追逐让他们十分受用，这些人还没有作好停止“被人追求”的准备。

对于这种人，你的任务就是向他们解释清楚：你的售后服务和跟进工作做得有多好。详细地描述你的售后服务，问问客户喜欢什么样的联系方式，喜欢你多久跟他们联系一次。向客户承诺，你一定会这样做。甚至在购买决定还没作出之前，你就需要先规划一次“售后”见面会。当然，如果最后他们没买，这些安排都可以调整。但是，你愿意在订单还没拿到之前就预约下次见面的时间，这会减轻客户的顾虑，免得他们认为“签了合同之后这个销售员就没这么热情了”。教你个好方法：让这些准客户看看你的现有客户享受到哪些额外待遇——即使跟产品无关也无所谓，只要让他们知道你愿意在客户身上花时间、花心思就行了。

例如，如果你的产品需要安装或使用培训，你要向客户保证，每个步骤你都会参加。如果必要的话，排定一个计划表，表中的内容应包括：每一步做些什么、什么时候实施、需要谁参加、需要多长时间，最终他们将可以独立操作这个产品。让他们知道，你会预先安排好跟进和拜访工作，以及在两次拜访之间，他们怎么才能找到你。向他们保证、保证、再保证，销售完成之后你不会离开他们。这次销售只是长期合作的开始。

你们之间的信任够吗？

还有一种可能：决策者不够信任你。他们可能比较喜欢你说的产品，但不能百分之百确定这产品是不是真的像你说的那么好。那么，你应该在客户说话时专心地听，借此建立信任。有的销售员总是过于忙着思考下面该说什么，以至于经常错过了潜在客户说出的重要信息。这是个很难改的习惯。所以，如果你也有这种习惯，就让行动来取代你头脑里的想法，帮你专心致志地倾听客户的需求。在行动和语言上，你都要让客户知道，你在密切关注他们所说的话。把身体前倾，和客户作出得体的眼神接触，点头示意。所有这些肢体语言都表明，你在陪伴他们，你在专心听他们说话，你对他们的处境感同身受，真心诚意地想用优秀的解决方案来满足他们的需求。

别说太多。有太多销售员正是因为说得太多才失去了客户。有些人一紧张就会不由自主地没完没了地说——除非他们说话，否则就觉得自己没有掌控局面。读侦探小说你就会知道，那些说得太多的人往往是想隐瞒某些东西。你不想让潜在客户这么想吧。

自始至终，你必须非常有礼貌。你要知道，对于那些心怀恐惧的客户，礼貌格外起作用。别以为这是陈词滥调，说不说“请”、“谢谢”、“是的，先生”，客户的感受会很不一样，其间的差异是很惊人的。礼多人不怪，多客气点儿没坏处。

尊重客户的时间，这也会减轻他们的恐惧。如果你占用了客户太多时间，他们可能会担心——工作本来就很忙了，而这个采购过程会让任务变得更加繁重。如果你在他们身上投入的时间不够多，他们可能会认为这个决定并没那么重要。你需要把握好平衡，唯有实践加评估，你才会找到适当的“度”。

我建议你这样说，从而帮助客户减轻时间方面的顾虑：“凯西先生，在我们的合作中，我会一直尊重您的时间安排。我只会按照您喜欢的方式和频率来跟您联络。您的时间非常重要，我可不能把它耗费在无意义的事情上。”永远不要让恐惧情绪窝在墙角，营造负面的氛围。在每一次销售中，你都应该作出这样的假定——客户的时间很重要。这个想法非常重要。通过关注这个问题，你展示了高度的礼貌和专业风范。

有些客户需要你每周联络一次，哪怕只是个简短的电话也行。这会把客户在作出购买决定之后心中残存的恐惧感消除。对你、你的产品和服务放心以后，他们需要的关注就会减少了。

逆境中的成交策略

销售中的成交阶段，只不过是开口向客户要订单而已。统计数据显示，绝大多数销售是在提出五次成交要求之后成功的。这意味着，你的客户起码知道五种拖延成交或拒绝成交的方法。如果你只知道一两种要订单的方法，你成交的概率有多大呢？

真正的专业销售员有个庞大的“成交策略”武器库，而且还在随时寻找新方法。自从我多年前把销售当做个人爱好以来，我发现自己仍然喜欢分析销售场景——无论是我看到的，还是亲身经历的。那个人的言语或行为让我有什么感受？我答应跟他们做生意了吗？那次合作愉快吗？那些经验该如何运用于其他产品或场合？

就像我之前说过的，几乎所有的情境都能为你所用，帮你拿下订单。有些成交策略对直接消费者更适用，有些对B2B的客户更适用。下面我会教你几招儿。实践证明，无论是在繁荣还是低迷时期，它们都管用。还有很多方法可以在我其他的书中找到，在其他销售培训师的课上也会讲到。我在我的网站上推荐了几位优秀的讲师，你可以在免费资料的页面找到一个“我推荐的学习产品”的链接。

在使用每一种策略的时候，你都需要心怀对客户的真挚的热情和忠诚。如果你读到现在，还没对潜在客户产生这种情感，那你最好换个职业。销售始终是为了顾客的利益。

练习使用这些成交策略，直到你能够得心应手地制定自己的成交策略为止。

对付“别人的价格更便宜”的成交法

当潜在客户使用“我想再看看”或“找找哪家更便宜”的说法来推托的时候，你可以使用这种成交方法。客户的恐惧心理是双重的。首先，他们害怕自己作出糟糕的决策；其次，他们害怕物非所值。你需要打消这些恐惧，帮助他们看到自己的决定是合理的。

你先表示同意。“这很有道理，杰瑞。毕竟在当前这种形势下，大家都希望花的每一分钱都是值得的。这么多年来，我得出了一个真理：最便宜的价格往往不是我们真正想要的。花钱买东西的时候，绝大多数人希望能同时满足这个三个条件：(1) 最好的质量；(2) 最周到的服务；(3) 最低的价格。可是，我还从来没见过有哪家公司能同时满足这三个条件。没人能用最低的价格，提供质量最好的产品和最周到的服务。我很好奇，杰瑞，要从长远的好处来看的话，这三条里你最愿意放弃哪一条？质量，服务，还是低价？”

极少有客户愿意放弃质量和服务。你这一番话是为了提醒他们——用和和气气的方式——一分价钱一分货。之前你已经探讨过了产品的优点，这些话强调了它们的价值，并且在客户心里种下了些许的疑虑——当他们为了省钱去别处采购的时候，那些产品的质量和服务是否靠得住呢？

“经济学定律”成交法

这个方法适用于B2B的销售。当潜在客户把你的产品和对手的产品进行对比的时候（你知道对手的产品质量没你的好），这个方法特别有效。客户有点倾向于对手的低价格，但你很清楚，基于客户的需求，他们肯定更满意质量更好的产品。客户的恐惧仍然是害怕钱花得不合算，而以下这番话能够直击靶心。

“黛比，单凭价格作出购买决定，这未必是明智的。我们肯定不应该浪费钱，但是，价格太低，你日后也会有麻烦。

“如果买贵了，你会损失一点钱，但仅此而已。如果你出的钱太少，风险会更大。因为你很可能并不满意这个便宜货。人很少能用最少的钱买到最多的价值，这是经济学的规律。

“跟价格最便宜的供应商合作的时候，你最好加上一点钱，避免日后可能产生的风险。如果你同意我的说法，而且也愿意并花得起这附加的一点钱，那你为什么不去买个更好的产品呢？毕竟，质量较差的产品带来的不便是很难忘记的。但是，享受高质量产品带来的好处和满足的时候，不管当初花了多少钱，人们很快就会忘记的。”

我知道这段话有点长，但它很管用。要是你担心记不住，你可以把它拆成小段，只说要点。一旦你掌握了它的概念，就会更有动力去练熟它，把它流畅地说出来。

“最有价值的事情”成交法

这个方法对喜欢拖延的客户特别有用。这类客户好像就是不想作决定，但你却抓不到任何把柄。它基于一个我教了好多年的时间管理与效率提高的策略。这个策略很简单：当你把下面这句话当做行动指南的时候——每时每刻，我必须做最有价值的事情——你每天就能做完更多事。这句话能帮你把思路整理清楚，把注意力的焦点放在真正重要的事情上。

如果客户喜欢在原地打转，你就这样说：“我能理解你不太想今天作决定，谢里。你脑子里肯定装了很多事。以前我从一位演讲家那里听到过一句话，这句话对于高效率完成工作特别有道理。这句话是：‘每时每刻，我必须做最有价值的事情’。很有道理，不是吗？它能让你把精力花在刀刃上。现在，让我来问问你，现在你能做的最有价值的事情是什么？”

即使客户企图岔开话题，你也别惊讶。他们可能会这么回答你：“最有价值的事情就是躺在夏威夷的沙滩上好好歇一会儿。”爱拖延的人特别擅长岔开话题。遇到这种答案，你就先表示同意，休息和放松对于效率的确很重要，然后再把他们引回现实问题上来。

如果客户的回答和你们的会面没有任何关系，例如，读完报告、和员工面谈、把孩子的球衣洗干净，或任何分散注意力的事情，你就这么说：“好吧，我们先把购买决定的事情放到一边，好让你去做更有价值的事情。”

如果客户的答案是作出购买决定，你就可以说：“好的。我们就来处理眼下你最想做的事情。在这里签个字，我们就可以欢迎你加入满意客户的大家庭了。”

无论客户的回答是哪一种，你都是在要求成交，而且是现在就成交。同时，你也给了他们一个合理的理由。如果他们在感性方面已经认同这个产品很适合他们，那么这就是个好方法——轻轻推他们一下，进入决策阶段。

如果从初次联络到最终提出成交经历了很长一段时间，那么，当寻找供应商的任务完成之后，客户可能会有些暂时的失落感。这个高效工作的宣言可以帮助他们认识到，应该着手去做下一件最重要的事情了。

对付“这不在预算之内”的成交法

四处都在紧缩开支的时候，个人和企业都会收紧预算。无论是面对个人消费者，还是面对企业客户，你会听到一句回答：“这不在预算之内”。但你要记住一件重要的事情：预算和经济形势一样，本身并不是实体的存在，它们都是被人的行动和决定创造出来的。

遇到跟预算有关的异议时，你的目标是直击它真正的价值核心——为什么人们编制预算、是谁在管理预算。试试这么说：“弗兰克，你想要按照预算来花钱，我明白。我完全理解，公司/个人希望管理好金钱的去向。在这方面，预算是个不可缺少的工具，你同意我这说法吗？”客户会点头同意的，因为他们以为这会停止销售进程，以为你缴械投降了，可你没有。接下来你说，“这个工具本身不能控制金钱的去向。控制金钱去向的是你，也就是预算的编制人/管理者。好预算应该有一定的灵活性，会随着紧急事务、需求的变化和不曾料到的机遇而改变。你控制着预算，你有权为了自己的最大利益（公司的最大利益）而作出调整，不是吗？今天我们讨论的这个产品能够让你（你的家庭或工作）马上获得长久的好处。请告诉我，在这种情况下，你的预算是灵活的吗？还是说，它会控制你的行为？”

这番话把客户放到了“预算管理者”这个强势位置上。他们会承认自己可以作出调整，而且你已经请他们这样做了——为了获得你的产品带来的好处。

如果他们依然坚持预算，那么你可以接着问：“那么，我们怎么才能在预算内解决问题呢？”如果他们看到了产品的价值，想要购买它，他们就会想想该采取什么行动才行。他们可能会说，这需要花时间作些调整。如果这是拿到订单的唯一办法，你就同意耐心等待一段时间，但你们要约定一个调整的截止日期，跟客户约好在那天见面（或是提前几天）。你要预先作好准备，见面的时候给客户作个简短的演示，总结一下产品的所有好处，重新唤起他们想要拥有这件产品的情感，然后成交。

“柯林·鲍威尔”成交法

这是个绝妙的例子：把从新闻中学来的方法用在销售成交中。20世纪90年代初，柯林·鲍威尔（Colin Powell）在海湾战争中担任将军。后来他从军界退休，担任了美国国务卿。我猜绝大多数美国人都熟悉他的名字吧。他在军情简报中说过的一句话可以恰当地运用在销售的成交阶段中。当你的客户没有决断力的时候，你可以引用这句话：

“科克，前任国务卿柯林·鲍威尔曾说过这么一句话：‘行事不够果断已经让美国民众、企业界和政府付出了数十亿美元的代价，而这远远超过了错误决定的代价。’我们现在讨论的就是作决定，不是吗？如果你答应了，会发生什么？如果你不答应，又会发生什么？如果你说了‘不’，什么事也不会发生，一切都将维持原状，明天和今天没有任何区别。但如果你说了‘是’……”然后，你开始总结产品给客户带来的好处。在总结的末尾，这样说：“越早作决定，你就能越快享受到这些好处，不是吗，科克？”

他多半会同意你，然后你就可以请他在合同上签字了。

“竞争优势”成交法

无论你现在处于经济周期的哪个阶段，企业客户都希望获得竞争优势，胜过对手。如果A公司认为B公司的做法更好，他们就会采取同样的行动。这个成交方法就运用了竞争心态。

“玛利亚，你要明白，你的竞争对手面临着同样的挑战。当整个行业都面临同样问题的时候，有些企业就是比其他对手做得好，这不是很有意思吗？我今天的唯一目的就是帮你找到方法，获得竞争优势。无论它是大还是小，有了竞争优势，你就可以让公司成为那些少数的、运营得更好的公司中的一员。你希望公司多久能进入这个行列？”

如果某个客户使用了你的产品，获得了竞争优势，那你一定要把成功例子告诉面前的潜在客户（但这两个客户所处的行业不能有竞争关系）。更理想的情况是：你去问问那位老客户，是否愿意接听这位非竞争行业的潜在客户的电话，给他讲讲你的产品是如何满足客户需求的。

“糟糕的经济形势”成交法

如果客户心中的主要忧虑是经济形势不好，那么你多半无法说服他们想开点儿。面对这类客户，你与其说服他们要往好的方面想，还不如认同他们的观点，认为形势的确不妙。然而，使用下面这个方法中的措辞，你可以让他们承认，即使在最糟糕的经济形势下，作决定也是有好处的。

“艾琳，杰克，我不得不承认，我同意你们的观点，现在的经济形势的确不好。可是，多年以前我明白了一个非常有意思的道理。大家都在卖出的时候，成功人士会买进；大家都买进的时候，他们就卖出。最近我们听到的新闻都在说形势如何糟糕，可我决定不让这些消息干扰我。你知道为什么吗？因为今天的许多财富都是在过去最艰难的时期积累的。积累起这些财富的人重视的是长期的机会，而不是短期的挑战。现在，你也拥有同样的机会。考虑到我们服务的长远收益，现在拥有它是非常合理的，不是吗？”

他们已经在情感上作出了购买决定，而你的这番话又一次帮助他们证明这个决定是合理的。

对付“过于谨慎的客户”的成交法

有些潜在客户知道自己应该作出决定，但就是陷在“万一……那该怎么办”的问题里出不来。面对这类客户，你可以使用下面这个成交方法，帮助他们把注意力的焦点放在需求上。

“如果我们只看当前的经济新闻，简直没一件好事——要么太糟，要么就好得不像是真的。如果对每天听到的消息都太较真，那么我们永远也买不了任何东西了。经济就会陷入停顿，大家都会受到很大伤害。你现在有机会为家庭（公司）作出积极的选择，不是吗？”

如果他们同意这是个积极的选择，你就开口请他们签合同吧！

"企业生产力"成交法

当企业碰到困难、削减开支，甚至还要裁员的时候，决策人会有些灰心丧气。如果你销售的产品或服务是供企业用户使用的——要么是员工直接从中受益，要么就是员工会使用的产品，你应该把焦点从"作出购买决定"转移到"积极收益"中来。可以这样说："韦恩，我今天带来的不仅仅是一个产品（或服务）而已，它还能鼓舞员工的士气。你没发现吗，新事物会增加员工对工作的兴趣，让他们激动起来？激动的心情会提升士气，士气会带来高产。高产意味着什么呢？"

对于健康保险、办公设备和家具、自动售货机以及改善员工工作环境的产品来说，这个方法尤其管用。

希望到目前为止，你已经看出这些高效成交策略的门道了：

（1）同意客户所说的一切。

（2）用故事、问题、名人名言、例子、其他客户的推荐来改变客户的看法。

（3）制造"紧缺"的气氛。

（4）表现得好像客户已经作出了购买决定似的。

（5）清楚而直接地要求成交。

这个模式会帮你打消潜在客户的忧虑，让他们下定决心。

要点总结

- 你明白了客户们共有的恐惧心理是什么。
- 你知道该如何辨认出喜欢拖延的客户。
- 你知道该如何制造紧缺气氛，促使客户作出购买决定。
- 你会使用一些建立信任的策略，让客户相信你说的话。
- 你学会使用一些经过验证的、切实有效的成交方法。

第十一章

如何既削减开支，又不失体面

Selling in Tough Times

Secrets to Selling When No One Is Buying

存活下来的物种不是那些最强壮的，也不是最聪明的，而是最能适应变化的。

——达尔文

历史告诉我们，许多强大的公司没能在困境中生存下来，是因为他们拒绝改变。由于他们对变化的市场和商业周期缺乏响应，因此遭受了损失，把宝贵的时间和资源耗费在恢复元气上。

在这本书出版的时候，美国的许多报业公司正在经历重生的挣扎。尽管还有大量读者喜欢纸质媒体，可越来越多的人每天通过上网或看电视来获得新闻。技术的进步让我们几乎可以在世界的每个角落都连上网络。报纸的确有价值，但纸张占据了生产和运送过程中的大量成本。观察这些报业公司如何削减成本并转型，肯定会很有意思。

如果你抗拒改变，被迫作出改变是很痛苦的。如果我们敞开胸怀迎接变化，知道这是为了我们自己好，痛苦就会轻多了。就像达尔文所说的，为了生存，我们必须适应变化。

对于公司和专业的销售人员来说，改变应该是个选择，而且应该是个明智的选择。在困境中蒙头乱撞一气，给撞出的每一条小伤痕都包上绷带，这不是应对挑战的好方法。更好的做法是通过深思熟虑，朝着高效和高产的方向前进，把自己从荆棘中拯救出来。

我希望你已经作好准备，能够适应本书前面章节中讲到的各种商业周期和潜在的变化。如果你已经处理好了关键的问题，那么，当变革的浪潮席卷过来的时候，你应该能够作出小小的调整，好好生存下来。

希望在你需要作出的改变当中，没有一条会对产品质量和服务质量产生负面影响。实际上，我强烈建议你在改变之前想想这个问题："这个改变会对跟我做生意的人产生什么影响？"如果答案是"没有影响"，那就太好了！如果的确会有影响，下一个问题是："这影响会大到让他们不想再跟我做生意吗？"你肯定不想作出这种改变吧，但也不乏这样的情况，从长远来看，为了挽救业务（或职业生涯），你必须作出某种改变。

众所周知，为了把对生计有举足轻重影响的大客户服务好，有些公司会放弃一些小客户。满足某些小客户的需求的成本太高了，无法继续为他们服务。如果你为了获得恰当利润而提价，这些客户可能会买不起你的产品或服务。

分析一下不同客户为你贡献的利润百分比，相应地服务他们的需求，这始终是个好方法。如果小客户需要的某种产品利润率特别高，那么你很可能要缩短花费在大客户身上的时间。不过你要记住，利润总额和利润率都很重要。如果某个大客户为你带来的利润抵得过六家小型的、但利润率较高的客户，你总不想失去这种大客户吧。

给专业销售人员的节约小贴士

无论出于什么原因，当业务增长趋缓的时候，你都需要缩减一些开支——既有个人生活上的，也有工作上的。在工作中，你需要留心自己是如何支配时间和金钱的。首先，你要尽可能提高效率；然后，如果你需要继续控制开支，你要想想钱都花到哪儿去了。只需用一周时间，把每天的花费都记下来，你就会惊讶地发现，要是你改变一下想法和习惯，省钱的方法就会有很多。

尽管销售员的工资会比普通的朝九晚五的职员高，但他们花钱的欲望也强烈。我们想要最新型、最时髦的小物件，我们喜欢买新车，因公因私的旅行我们都喜欢。有句话我说了好多年了：最容易跟你做成生意的客户，就是另一个销售员。

我自己就有三个真空吸尘器，都是上门推销的销售员卖给我的。尽管家里已经有了两个，但这个能把保龄球从橱柜里吸出来的吸尘器我还没有。我多想要这个吸尘器啊！听着很傻，是不是？但这个销售员太出色，我无法拒绝他。身为一名专业销售员，我知道被人拒绝是什么滋味，我知道干这一行有多艰难，我是个软心肠。正是因为这个，我请了一群人来帮我打理公司的业务。一般来说，我是个节俭的人，但当我看到一场精彩的销售演示的时候，我就想买下那个产品，不管我是否需要它。

如果你跟我是一类人，就设计一套买东西的规矩，并坚持遵守。花钱买大宗产品的时候，先找爱人或业务伙伴商量一下。暂时给不必要的花费制定个限度。或者不买任何不必要的东西，直到你的收入情况足够好，可以买下这些东西给自己当做奖励为止。

树立起节俭的意识，坚持去做。你会惊讶地发现，原来有那么多可以改进的地方。

比如，想想自己的饮食习惯。不少人在把每周花在饮食上的钱加起来之后，都会吓一跳。你真的需要每天下午都喝掉一大杯32盎司的汽水吗？16盎司是不是就够了？32盎司的大杯可能更合算，但总价钱比小杯的贵。想想你吃的快餐，标准大小的汉堡是不是既节省了钱又减少了卡路里？这是不是挺让人吃惊的？吃饱了之后你会停下来不吃吗，还是一定要把盘子里的食物全部吃完？

我的有些学生已经养成了“半价”吃饭的习惯。下馆子的时候，他们只吃掉一半的饭菜，把另一半打包带回家，下顿再吃。这样一来他们就完全省下了一顿饭的费用！你用不着太较真，或是真的在盘子里画一条分界线，但你要记得这回事儿，下回点菜的时候先想想看。

我也知道，我们这些做销售的人是多么热爱咖啡。可问题来了，我们真的需要那些昂贵的咖啡吗？如果你是先去咖啡店再上班，自己加糖和奶是不是会省点钱呢？你是不是总是点超大杯的咖啡？下回喝咖啡的时候，看看杯子里还剩多少，你真的喝得一滴都不剩吗？如果不是的话，下次改买较小杯的，看看除了多找回来的零钱之外，是否还有别的区别。

如果你是个独立承包人，我强烈建议你，永远不要单独进餐！身为专业销售人员，我们经常不在家里或公司吃饭。不要匆匆忙忙吃几口完事，约上客户和潜在客户一起吃早餐、中餐或晚餐吧，你可以享受减税的好处，还可以联络感情。这可能需要你花点时间预先安排，但在花费上是很值得的。

如果你想知道其他企业减税的好方法，你可以咨询我的同事兼培训师桑迪·博特金（Sandy Botkin），他以前在美国国税局工作，现在改为大众服务了。听他说话特别有意思，他教的一切东西都能在税法中找到依据。

我要提醒你，在会计和报税方面，最好别走捷径。除非你学的专业是这个，否则太容易搞砸了。只要你有收入和花费要上报，就继续请专业人士来打理这些事情吧。从长远来看，比起你亲力亲为，他们的专业知识会帮你节省很多。

现在我们来看看穿衣打扮的花费。比起从事体力工作，做销售的一个好处就是可以穿得光鲜体面。我十九岁那年在建筑工地上工作，正是这点吸引我想做销售的。那时我在修桥工地上扛钢筋，赶上大热天，我得每天洗上两次长时间的热水澡，才能把一天在户外工作的泥污洗干净。

如果你的标准职业装束是西装，看看这套衣服是不是在其他季节也能穿。如果搭配一件新衬衫、领带、围巾或珠宝饰品（反正没有新西装那么贵），能不能打造出换季新形象？如果可以的话，你就这样做。如果不行，视你的预算而定，瞄准打折的机会，买些合算的衣服。

买衣服的时候，你应该买经典的样式。奥巴马总统就是个例子。众所周知，他找到某个喜欢的款式之后，同时会买五套一模一样的。这样一来，穿着搭配的时候就更省心了。这就是经济眼光！

我有个朋友在高端的珠宝行业工作，他选定了一种制服样式的服装当自己的职业装。只要他在工作，就总是穿着这种很适合他的外貌和行业地位的特别款式。如果你也选择“制服”的话，别担心审美疲劳的问题。相反，想想看，这既能帮你省下很多事，也能省下很多钱。还有，正如我前面说过的，你总是可以用珠宝或其他饰品来“经济实惠”地改变风格。

你自己会做些简单的缝补活儿吗？你认识的人中有会做这个的吗？衣服穿破了不要一扔了之，补补看。从整体上来说，改掉用过即扔的习惯，对我们的钱包和环境都有好处。

如果工作需要你开车带客户出去，你最好保持良好的车况。这么重要的问题，千万不能马虎。带客户去吃饭或从客户的饭局中回来的时候（客户也坐在车里），半路抛锚可不是好事。保持良好的车况是汽修师傅的事情，但装饰美化的事情你可以自己做。与其每周洗一次车，不如看看你能否用软布自行清洁一下，自己擦一擦车窗。更妙的是，把洗车这一项加到孩子的零工清单上，给他们加点“工资”（但不要超过洗车店的收费）。

你的公文包最近磕碰过吗？如果有，拿点皮革清洁剂来，看你能不能把它恢复原样。商业圈里有些人是非常挑剔的，如果你在任何方面显得马虎大意、不够整洁，或是不够井然有序，他们就会怀疑你能否解决他们的需求。

你的鞋子干净吗？进入潜在客户的家里或公司之前，留心一下鞋子干不干净。我知道不少人注意到鞋子上有土之后，会用裤腿迅速蹭一蹭。但问题是，人家也会注意到你的脏裤腿。穿鞋之前检查一下，拿块布擦一擦，你就用不着整天想着脏鞋子的问题了。

你同样需要留心笔记本电脑的状况。要是它看上去像是刚从战场上拿回来一样，考虑一下，给它换个漂亮的外壳。在这一行里，外表是相当重要的，人们想要跟行业的成功代表做生意。形势糟糕的时候，尽管你的销售业绩可能显著下滑了，但人们依然会把你视为成功人士的。

服务客户的时候，你要尽可能保持光鲜得体的形象，但也别怕告诉客户你正在削减开支——只要不影响到服务质量就行。坦白告诉客户境况没有以前那么好了，客户会因为你的坦诚而尊敬你，并且赞赏你适应变化的创造力。

现在我们来看看还有什么办法。办公用品方面怎么样？公司提供这些东西吗？如果没有的话，去办公用品店开个公司账户会不会更便宜点？许多大型连锁的办公用品店都有消费奖励计划。办理这种事只需要几分钟，但是能帮你省下不少钱。

你能抽出时间去网购打折商品、平价品牌商品，或者库存过剩的商品吗？你会吃惊地发现有许多物美价廉的商品的。你知道有谁能帮你采购这些东西吗？或许就有跟你一样的独立销售员可以跟你一起团购，这样可以省下很多费用。向周围的人打听打听吧。

说到电脑的问题，想想看，你是不是真的需要打印那么多文档。比如，越来越多的诊所开始无纸化办公了，把病历都变成了电子文档。你是不是也可以这样做？如果不是每份文件都能这样处理，是不是有些可以只留电子版呢？

在我和员工们收到的电子邮件中，有越来越多的邮件末尾都附加了一句话：请节约用纸，除非不得已，否则请勿打印此电子邮件。想想看，最近你有多少次真的用到了纸质文档。你给每个客户都建有档案，这固然不错，但是其中有多少非得是纸质的不可？非要占据实际空间吗？还是只要存在电脑里就行了？

我极其重视得体的外表。我们的职业是为别人提供服务，专业的外表和风范是非常重要的。在这个问题上别走捷径，别降低对外貌的要求。如果你每六周剪一次头发，或许你可以延长到每七周一次，省下一点钱——除非迫不得已，否则不要这样做。我也知道，女士们格外看重修指甲。是的，初看上去，修指甲和修脚可能是奢侈的，但人们已经渐渐把它视为必不可少的保养。如果你是这样想的，就继续做下去。就连我也会承认，某种程度的节俭（无论是主动的还是被迫的）会破坏心情。如果你被削减开支弄得很沮丧，你的态度中会表现出来，这会严重影响你的成交率。

但话说回来，并不是每一项削减开支的行动都很难做到。拿出一个月来尝试一下，想办法削减3%的开支。一旦你做到了，而且发现并没那么难，你会发现自己养成了一个新习惯：你开始自问："我还能缩减多少？"这会变成一个很好玩的游戏——有哪些地方的开支即使缩减掉也不会有人知道？该如何去缩减它们？

把节约行动变成游戏，家人会很容易接受。这是你在遇到困境之后能主动去做的事情。采取行动，而不是被恐惧和优柔寡断弄得动弹不得，这会帮你拥有掌控感。

如果你必须要出差旅行，一定要用上所有的特价、优惠或积分奖励。这可能需要花点精力，但是，如果你能像对待客户的需求那样对待自己的出行需求，你就会发现，省钱给你带来的乐趣，就像服务客户给你带来的回报一样多。同时，有些航空公司也会提供网上订购的专享优惠计划。

如果你亲自去拜访客户的次数比鼎盛时期少了一点点，绝大多数客户都会理解的。当然了，某些客户会需要你给予更多关注。这个问题我们在前面已经讲过了。对于那些用不着见面的客户来说，你可以考虑使用一些网络会议服务，比如WebEx、Microsoft Live Meeting，或者GoToMeeting。直接用网络摄像头也行。这样，客户仍然能看见你的笑脸，你也不用花上一整天时间（还有费用）去见客户了。如果你还不知道怎么使用这些产品，安排好时间，这周就开始学。问问其他的销售员（或是你疼爱的十几岁的小孩），请他们给你讲讲基本的使用方法。

如果你的客户还没有摄像头，就送他一个，一个摄像头用不了一百美元，比你亲自去见他要花的机票、租车和酒店的费用少多了。你们还可以一起学习怎么使用它。这是个好方法，可以建立跟新客户的感情，也可以加强跟老客户的感情，从而建立起顾客忠诚度。

如果你在家里工作，想想你能节省多少能源。有些公用事业公司会给企业客户提供较低的费率。跟你的这些供应商谈谈，看你是否符合标准。不在房间里的时候，关掉灯、电脑、打印机、电视等电器，把灯泡换成节能灯。如果你要更换办公设备，买那些能快速给你带来收益的产品。有个信息肯定会让你很惊讶——一台普通的台式机在三年内花费的电费比它的价格还高。多花一点钱，买个节能的型号，这是合算的。

你可以拿出一天时间来研究一下你使用的服务。手机服务有没有更经济实惠的套餐？有线电视呢？保险费用呢？人们很容易买了之后就忘掉了，或是把服务升了级，却没意识到自己根本用不着。

付信用卡账单的时候，不仅要及时还掉，更要尽早。信用卡公司会留给你三天还款时间，如果你账户里有钱，最好一接到账单就全部还掉。如果你错过了最后还款期限，就要交滞纳金，或是新账旧账一块付利息了。

希望你读到现在已经有了节俭的意识。每次花钱的时候，用不着吓得缩手缩脚，但你要留心钱都花到哪里去了。不要不管信用卡余额，或是不看账单就潇洒地刷卡，改掉这些坏习惯。你只需用上一些常识性的方法，把辛辛苦苦挣到的钱保管好。

企业应该如何削减成本

如果你在办公室上班，而客户很少上门来拜访，那么比起零售店——营业时间里顾客随时会登门——你缩减开支的余地会更大。你能采取的最佳做法之一，就是请办公室里的每一个人都动动脑筋，想想节省开支或提升客户体验的方法。在我们公司的历史上，我们就做过两次，我的团队成员们想到的点子的确帮我们渡过了好几个难关。

另一个节流的好地方就是你的供应商。如果你们公司销售的是实体产品，有没有更省钱的包装方法？你们的印刷资料能不能重新设计一下，少用些纸张，或是省下些印刷和装订费用？和所有的供应商谈判一下。相信我，如果这能够帮助他们跟你长期合作的话，他们会很乐意帮你省钱的。

我认识一家公司，他们把花园维护的服务从每周一次改为每月两次，把保洁服务从每周三次降到每周一次。职员们偶尔需要自己倒一下垃圾，或是装一下卷筒纸，但比起这一点点额外的工作，省下的钱是值得的。如果你不是每天都去那幢写字楼的话，你可能根本注意不到环境有什么变化。但是，如果你是作零售的，你可以在花园整修上节约一点，但千万别省下保洁服务。要根据自己的情况，选择最佳的方案。日常的维护工作一定要做到位，这包括暖气、空调、电脑和其他办公设备的维护。如果不做这些工作，日后会产生更加昂贵的维修和替换费用。

我住在亚利桑那州的时候，发现许多零售商店都装了天窗。那里的阳光如此灿烂，以至于人们可以省掉电力照明，而店铺里依然明亮。还有些人换装了节能灯泡，光线足够办公使用，但更省电了。

有些公司调整了上班时间；有些公司延长了每天的办公时间，但每周少上一天班。有些公司每周少上一天班就无法生存，但有些公司没关系。你只需在调整之前通知到客户就行了，再给他们一个紧急电话号码，万一客户有特殊需求也可以找到人。

看看你们公司使用的外包服务。有没有什么工作是员工可以自己做，但你却聘请了外部顾问或支付了额外服务的？

削减开支的时候，我建议你把所有员工的工作职责表都看一看，同时也回顾一下每位员工的优势和劣势。业务增长缓慢的时候，能不能把负责数据输入的员工调去打客服电话，创造更多业务呢？员工们能否身兼多职？他们有哪些技能是你没有全部加以运用的？能不能把某两个人的才能结合在一起，完成某项本该外包的工作？这不仅会为公司省下费用，也会让这两个人兴致勃勃地去做超出常规的工作。让员工去尝试新工作，这往往是提升士气的好方法，它提高了员工的工作兴趣和兴奋感。激动的心情会提升士气，士气会带来较高的生产效率。就算你的员工没有能力把这项工作全部完成，如果他们开了个好头的话，你就可以聘请外部人才把它修整做完，但是花费会比原先低不少。

接下来我要说的可能听上去有点傻，但效果是惊人的。有一次，我们公司需要缩减开支，我想到了办公用品的花费。某天早上，我在家里搜集那些基本的办公用品，如笔、即时贴、夹子等。边边角角里散落的真不少啊，我装满了整整一个午餐包，带到办公室里去给大家看。不少人笑话我是个“吝啬老汤姆”，但同时也受到了启发，开始把散落在办公室各处的办公用品都集中起来。有了那些收集起来的东西，我们当月的办公用品费用就省下来了。倒不是说这些东西值多少钱，而是整理物品的那种兴奋感让大家觉得自己变得节俭了一点儿，这种感觉很不错。为了公司的利益而行动，这创造出一种积极的氛围，我敢肯定，这氛围会影响到工作的其他方面。

在停滞或低迷时期，人们明白加薪和奖金会受到影响。大家肯定不喜欢这样，但的确都能理解。大多数人会庆幸自己还有工作，不用太担心生计问题。如果你能做得到，我建议你把大家的收入和公司效益挂钩。如果你发动大家想办法，在不影响服务质量的前提下削减成本，那么你可以让员工分享一部分花费节余，或者是让大家分享一部分业务增长带来的好处。绝大多数公司都发现，把奖金和业绩挂钩是非常有效的，而把它跟节余和营收都挂上钩，甚至连前台接待员和会计部门的员工都会参与进来，而不单单是销售部一个部门的事情。

我听说很多公司和公共机构都请员工们停薪休假一阵子，目的是保住某些岗位，不致裁员。比起眼睁睁看着某些同事失去工作，绝大多数人都更愿意这么做。

与他人分享“财富”

在艰难时期，你要意识到，除了个人的销售业绩下滑之外，低迷的颓势不仅影响到你一个人，它很可能也影响到了其他的家庭成员、你的业务伙伴、邻居、客户和供应商。有时候，你会觉得自己走在一片暗淡的迷雾中，前途未卜，看不见光明，但你不能让这种感觉左右了你。

无论身在哪个领域，真正的专业人士明白，积极的行动不仅对自己有好处，而且他们觉得和别人分享自己学到的东西是一种义务。化身为乌云背后的阳光吧。跟别人见面的时候，多谈些积极的事情，或是讲讲你或别人的故事——你们采取了哪些积极的行动，获得了哪些积极的结果。

如果你有人脉关系清单，或是给现有客户和潜在客户发送业务通讯，那么你可以给他们发送一系列的“积极小贴士”。你甚至还可以把它们做成漂亮的卡片或是电子邮件，以方便客户与别人分享。这些积极小贴士传播得越远，对大家就越有好处。如果可以的话，你可以附上一些细节情况，说说这些小贴士是如何帮助你或其他人的。但我要提醒一句：提及别人的事情以前，务必要获得人家的同意。

要点总结

- 作出改变和调整之前，你要考虑考虑，这些举动会给客户带来什么影响。
- 你会分析一下每位客户为你和公司带来的价值。
- 对于你所有的开支，你正在树立起节俭意识。
- 你承诺把削减开支的成功经验和他人分享。

第十二章
销售即服务

Selling
in Tough Times
Secrets to Selling When
No One Is Buying
BEST
BUY!

衡量成功的标准不在于一个人的穿着有多么光鲜，开着多么昂贵的名车，银行里有多少存款。这些都没有意义。判断一个人是否成功，衡量标准是他为别人提供了多少服务。

——乔治·华盛顿·卡佛

为他人服务的意愿，是成功销售生涯的基础。绝大多数人选择从事销售，是因为他们觉得这一行挣钱多。但唯有服务做好了，钱才会跟着来。我经常对我的学生们说，应该把“服务”这个词，也就是Service这个单词开头的S去掉，换成美元的符号，把它变成“$ervice”。这个直观的画面让他们理解到，我们挣到的钱就是服务的一部分。它就像是个记分牌，反映出我们的工作干得有多好。

你要当心，如果你觉得赚来的钱比你提供的服务更重要，钱就不会再来了，因为你做销售的出发点错了。为了在销售中取得成功，你必须诚心诚意地关注他人的需求。

有些人决定一边“试着”做销售，一边等待真正的职业生涯展开。如果你只是“试着”去做某件事，那么你多半比不上专心致志去做这件事的人。销售这一行的门槛的确不高，但你别因此就认为销售很容易做好。我的伟大导师、已故的J·道格拉斯·爱德华兹经常说，销售是个收入最高的困难工种，也是个收入最低的容易工种。要是你不愿意付出辛勤劳动，别指望获得很高的收入。当然，某些行业需要你接受专门的培训或取得执照才能入门，但多数情况下，需要的只是良好的心态（即为人服务的心态），还有了解产品的愿望和能力。

有些人年轻时就做销售，而且一直做了下去，因为他们只了解这个行业。我认为每一个人在一生中的某个时候都应该试着做销售，越年轻越好。它会迫使你跟他人交流；它给你设下挑战——想要取得成功的结果，就要说正确的话，做正确的事；它是绝佳的人生历练。毕竟，我们都在销售某些产品。

无论你是不是销售员，我们每天都要在工作中销售自己。寻找新工作的时候，我们销售的是自己最了解的产品——我们自己以及我们的技术和能力。我们把风趣销售给朋友，把爱心销售给家人，把关怀销售给左邻右舍。我们把想法和价值观销售给自己的孩子，或是能够影响到的其他人的孩子。

我们和别人的每一次交流，其实都是一个销售过程。对这一点理解得越深刻，我们的人生就会越成功。对于每件事，我们的目标是寻求共赢，让参与的每一个人都能受益，而不是展开一场竞赛，看谁最后胜出。

不管我们是怎么进入销售这一行的，绝大多数人之所以把它当做终生的事业，是因为我们热爱那种感觉——帮助个人或企业作出决定，获得我们的产品或服务。从我跟学生们的谈话来看，我必须承认，从事销售的工作满意度一直是很高的，即便在艰难时期也是如此。

我最初从事房地产销售，是因为它给我带来莫大的满足感。

帮助年轻或年纪稍长的人们买下一幢房子，实现拥有一个家的梦想，这种感觉实在是太棒了。我通过言语和行动，帮助他们拥有足够的知识，作出明智的决定。我帮助他们认识到，他们可以实现美国梦——拥有一幢房产。后来，学生们脸上那种恍然大悟的神采，让我不断地去销售“销售技巧”，迄今为止，我仍然乐此不疲。

在管理良好的销售生涯中，自我实现的感受是极其丰沛的。我喜欢把销售跟医疗行业进行比较。像医生一样，我们的工作就是分析“症状”，为客户推荐有利于“健康”的良方。这里的“症状”就是潜在客户的需求，“健康”就是产品给他们带来的直接收益。像绝大多数医生一样，我们因知识、技能和服务而获得可观的收入。

你帮助别人购买对他们有好处的产品，为此获得金钱上的报酬，他们最后还会感谢你，世界上还有多少工作能有这种效果？是的，如果你妥善地完成了服务，在你感谢他们给你订单的同时，他们也会感谢你帮助了他们。这就是销售员赢得的喝彩，在客户决定拥有你的产品或服务之后，他们会诚心诚意地感谢你。你有什么理由不热爱这份工作呢？

人们因结识我们而变得更加富足，企业因我们而实现了更好的业绩。我们让别人脸上更有光彩，让他们感觉更好。我们帮助他们找到方法，在人生和事业中拥有更多、做到更多、实现更多。销售是世界上最理想的工作！

服务大众

销售还能满足我们对于世界的天生好奇心。我们时时刻刻都在结识新朋友。尽管产品的客户群很小，但我们的服务心态会在人生各处体现出来。遇到新结识的人，我们会对他们的生活有或多或少的了解——这要看你销售的产品属于什么类型。绝大多数情况下，我们因为了解别人而变得更好。他们的想法、梦想和处境拓宽了我们的思路，让我们超脱了自己的那个小天地。

有了崭新的亲身体验，或是由于了解到他人的体验而获得了新的认识，我们的思路就拓宽了。一旦思路拓宽了，它就永不会再变窄。因为我们选择了这个职业，我们总是在成长，比起许许多多的其他人，我们的人生更加生机勃勃，更加充实繁盛。

身为专业的销售员，我们需要经历挑战：找到客户、教育客户、说服客户。我们不断地寻找新客户和新方法，唤起人们的好奇心，让他们想要更多地了解我们的产品和服务。我们不仅用产品来服务他们的需求，也用我们的经验、我们从他人那里获得的知识，通过帮助他们建立人脉等服务他们的需求。

销售员是这个世界的催化剂，促使事情发生。如果我们不从事这个职业，承担这个职责，事情就会陷入停顿。生产产品的个人和企业不知道该如何推广这些产品，有需求的个人和企业不知道该如何满足这些需求。这一切都归结于一点：销售是世上不可或缺的伟大行业。你选择了它作为终身事业，难道不感到高兴吗？

服务自我

有时候，你不大能打起精神去提供最优质的服务。这是正常的。重要的是，那一刻你要明白自己没有倾尽全力，没有拿出最优秀的表现。在心里记下来，或是拿笔记下来，对于这个今天没能获得你最佳服务的客户，下次你要作出额外补偿。

每时每刻，你对自我的看法都会影响到你的行为。如果生活中发生了什么事情，动摇了你的自信，你会发现，你很难打起精神为客户提供最优质的服务。要相信自己。如果你下定决心做某件事，你一定能做成。一旦你下定了决心，就会找到方法，也会愿意付出代价去学习如何把它做好。

如果你提不起精神去面对每天销售工作的挑战，就该控制一下自己的思想了。思想引领行动，如果你的思想很消极，充满恐惧，那么你敢承担的风险就会变小。为什么要甘于接受低标准呢？你本来可以做得更好。当心态被迷茫和恐惧遮蔽的时候，你是无法成功的。恐惧会让人拒绝变化。正如我们在这本书中所说的，变化是成功不可或缺的因素。你要明白，“不快乐”是个征兆，说明你已经作好了迎接变化的准备。就从这个认识起步，开始改进自己的态度和处境吧。你是自己人生的建筑师。过去的事情都不再有意义了，你唯一能够掌控的就是当下。如果你放任自己，认为事情不会好转，你就把自己关进了精神的监牢。如果你不采取行动，情绪就会缓慢地枯萎。

情绪低迷的时候，你起码可以做些跟平时不一样的事情。换个时间起床，换个时间睡觉，淋浴之前先吃早餐，换条路线开车上班，换个场地停车。通过做些与平常不一样的事情，你的心灵会摆脱习惯的枷锁，你看事情的角度就会不一样，你的头脑中就会涌现许多新鲜点子。

我听过一个创意课程。培训师让大家早晨穿第一件衣服的时候，有意识地改变一下习惯。如果你习惯先穿袜子，就改到最后再穿；如果你习惯先穿左裤腿，就换穿右裤腿等。这听起来有点傻，但当我试着这么做的时候，却发现这比想象中要困难得多。要完成这些任务，必须要先激活潜意识。比起每天机械地穿衣，这些行为让我对当天的感觉的确变得不同了。

在销售工作中取得平衡是很重要的。你不可能一直不停地付出、付出、再付出，同时还不会感到精疲力竭。因此，我强烈建议你使用日程规划表，一定要定期安排一些跟销售无关的活动。即使你无比热爱工作和家庭，你也需要同样爱自己。怎样爱自己？把健康的生活习惯排进日程表中：锻炼身体，好好吃饭，留出时间来让自己安静地待一会儿，放松一下，使精力充沛。拥有平衡的生活会让你更有创意，帮你好好面对这个艰难的时期。

消除负面情绪

无论发生什么事，都不要听任自己沉浸在负面情绪中。除了为平庸辩护之外，负面情绪什么意义也没有。这是在给自己找理由——为什么别人做得比你强。为某种想法“找理由”的时候，会发生什么事呢？我们接受了那个想法，我们占有了它。别让这种事发生在你身上。

只要你对自己正在做的事情感觉不好，或是不够积极，就应该后退一步，问问自己：从什么时候起，你允许自己不去追求成功了？对负面想法保持警惕，认真审视自己的所思所想。

如果你的工作中有态度负面的人，要当心，别让他们的态度影响了你，少听他们说话。实际上，你应该努力争取只和那些做得比你好的人交谈，这些人更像你的榜样。

并不是每一个上过我的销售培训课或读了我的书的人都能取得成功。我总是想不通这个问题，因为大家得到的信息都一样啊。我经常爱琢磨，为什么有些人能把这些东西牢记在心，下回再碰到我的时候，他们会告诉我成交率提升了多少，工作满意度又增长了多少，而有些人却从此再无音讯。我不得不接受这个想法：那些人要么是想寻求更简单的答案，要么就是“服务他人的需求”的心意不够坚决。

如果你现在意识到你没做该做的事，就别再骗自己了。摘掉所有隐藏着的面具，放下自尊心，承认你可以做得更好。不要接受平庸的人生。

你作出的所有选择加在一起，构成了你这个人。变得更加开心、更加高效，只意味着你要作一些不同的选择。当你享受人生、充分发挥了潜力的时候，你就是成功者。你拥有独特的天赋和才能，去探索它们吧！永远不要放弃自己。

有人称赞托马斯·爱迪生是天才，他回答道：“天才？什么天才？坚持不懈就是天才！成功之前，我不知道失败过多少次。”尝试新事物的时候，未必事事如愿，但是不要放弃。先别急着责怪自己，问问自己：“哪些事情我做对了？”首先，你尝试了新事物，这就是对的。然后，把你的尝试拆分成小块，找出那些有效的片段和部分。至于那些没那么见效的，想想怎么调整一下，让它们更好地为你服务。

培训自己，迈向成功

在艰难时期里，你更应该打起精神，积极地参加培训、实践，改进自己所做的一切。这比在以往任何时候都重要。有些人不但能现在做得有声有色，形势好转之后（肯定会好转的）更是如此，而接受良好的培训能够让你成为他们中的一员。不要单靠公司给你的培训机会。你肯读这本书，本身就说明你追求上进，是个自我激励型的人。这太好了。太多普通的销售员把困难归咎于缺乏外部（比如公司）的培训或激励。但是，除了你自己，没人能激励你上进。别人能起到一定的作用，但别人无法改变你对事情的态度，无法把道德准则和积极性灌输给你，最后还是取决于你自己。

如果你在看完这本书之后把它放到了一边，从此再不看第二眼，那么事情多半还跟你没读它之前一样。如果你觉得留在原地挺开心的，没关系，继续开心吧。

然而，如果你对人生和事业的现状不满意，不开心，就把这本书放在案头、车里、公文包里——容易拿到的地方就行。每次跟客户联络之前，快速翻看一下，只看关键词就行。（希望你采纳了我早先的建议，读书的时候用了荧光笔、即时贴和标签。）如果没有，我教你说的那些句子也会让你有新想法，说出来的话也会不一样。你会按客户想听的方式来说话；你会在客户心中描绘出拥有产品的图景；你会想出更多、更好的方法，帮助客户意识到他们的决定是有道理的。

我们所能达到的高度，是我们自己设定的。你的价值越高，收入就越高。不断地想办法，抵消你天生对变化的抗拒。让自己不安于现状，你就会采取必要的步骤，到想去的地方。改变心态，你就能改变自己的人生。

想想看，你的理想人生是什么样子的。如果你不太确定，就看看你的四周，你所处的环境反映出你的想法。如果你不喜欢你所看到的东西，就开始改变吧——先改变你脑海中关于你自己、你的职业生涯、你的理想生活的图景。如果你现在正过着理想的生活，你的一天会是什么样子？每天清晨，你在什么样的房间里、什么样的床上醒来？你打开衣橱和抽屉，会看到什么？当你照镜子的时候是什么感觉？你让身体摄取什么样的营养？你开什么样的车？在脑海里描绘出一整天的场景，就像身临其境一样。让自己清清楚楚地看见那幅图景，一直看到晚上躺在床上，意识到自己是多么心满意足。每周做几次这样的心灵练习，你就会始终保持这种心满意足的情绪。你很快就会发现自己正在给客户提供高水准的服务，其回报足以让你过上理想中的生活。

要点总结

- 金钱是个记分牌，反映的是你贡献了多少服务。
- 我们一直在销售——销售我们自己、我们的想法、价值观，还有我们的产品。
- 我们成长的幅度是和结识并服务的人数成正比的。
- 我们明白，服务自我的需求和服务他人的需求同样重要。

致谢

我要特别感谢“百万富翁制造者”丹·S·肯尼迪（Dan S. Kennedy），以及销售培训师劳拉·拉曼（Laura Laaman），感谢他们两位对此书作出的贡献。

我也要向Grand Central 出版社的莉拉·波蒂厄斯（Leila Porteous）致以特别的谢意。